孙子兵法

[春秋] 孙武 著
臧宪柱 译

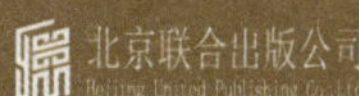

图书在版编目（CIP）数据

孙子兵法 /（春秋）孙武著；臧宪柱译．—北京：北京联合出版公司，2015.7（2022.8 重印）
（中华国学经典精粹）
ISBN 978-7-5502-4363-7

Ⅰ．①孙… Ⅱ．①孙… ②臧… Ⅲ．①兵法—中国—春秋时代—通俗读物 Ⅳ．① E892.25-49

中国版本图书馆 CIP 数据核字（2014）第 313669 号

孙子兵法

作　　者：（春秋）孙　武
责任编辑：崔保华
封面设计：颜　森

北京联合出版公司出版
（北京市西城区德外大街 83 号楼 9 层　100088）
北京华夏墨香文化传媒有限公司发行
三河市东兴印刷有限公司印刷　新华书店经销
字数 130 千字　880 毫米 ×1230 毫米　1/32　5 印张
2019 年 5 月第 3 版　2022 年 8 月第 16 次印刷
ISBN 978-7-5502-4363-7
定价：36.00 元

《孙子兵法》是我国春秋末期大军事家孙武所著的一部经典军事著作，素有“武学之圣典，兵家之绝唱”的美誉。

孙武的生卒年月现已不可考。据史载，他本是齐国人，后移居吴国，因擅长兵法，被吴国大臣伍子胥推荐给吴王阖闾。孙武见吴王时，将其所撰兵法十三篇献给他，阖闾读后大悦，遂以孙武为将，为自己练兵。后来孙武带兵西破强楚，北威齐晋，扬名诸侯之间，让吴国顺利成为当时的霸主。孙武终老于吴国，葬在吴都巫门外。

《孙子兵法》虽然篇幅不长，但信息量极大，可谓字字珠玑，无半点累赘之言。孙武在其书中揭示了一系列具有普遍意义的军事规律，提出了一套完整的军事理论体系。这一理论不仅深受战国以来历代军事家的重视和推崇，对他们的军事思想和实践产生了重要的影响，而且在世界军事思想领域内拥有广泛的影响，享有极高的声誉，至今仍有其不可忽视的科学价值。

《孙子兵法》不仅具有极高的军事价值，还蕴含了许多哲学道理，不仅可以应用于行军打仗，对于人们为人处世、开阔眼界亦有帮助。虽然成书数千年，但其并未过时，于今天的我们仍多有启发。

关于《孙子兵法》，曾经有过一些纷争。有人因《汉书·艺文志》著录《吴孙子兵法》有八十二篇，图九卷，而多认为十三篇是曹操削除繁冗，取其精粹而成。又有人因《汉书·艺文志》著录的《齐孙子》，即《孙膑兵法》久已失佚，后世流传的只有一部《孙子兵法》，而认为十三篇出自孙膑之手。不过，1972年山东临沂银雀山汉墓出土了一部《孙膑兵法》和《孙子兵法》的残简，以及记载孙武言行的七十余枚竹简，此后学者们已多倾向于十三篇出自孙武之手，八十二篇则是孙武后学所著，是用以补充和解释十三篇的。

与《孙子兵法》一样，《孙膑兵法》也是我国古代军事文化遗产中璀璨的瑰宝。为了便于大家对比阅读，本书后还附有《孙膑兵法》。

目录

计篇第一

本篇论述的是能否进行战争的问题。孙武在本篇中指出，战争是关乎国家生死存亡的大事。“道”“天”“地”“将”“法”是决定战争胜负的五项基本要素。“道”是指使人民与统治者同心同德；“天”指昼夜、晴雨、寒暑等气候时节和天命、人事、道义；“地”指土地，具体如地势、地形的高下、险要、平坦，距离的远近等对于攻守进退的利弊；“将”指将帅的智谋、赏罚必信、爱抚士卒、英勇果断和军纪严明；“法”则指军队的组织编制、将吏职责的划分和管理，以及军需物资的供应、管理。孙子认为，从这五要素出发，根据国君是否贤明，将帅有无才能，“天”“地”两方面的条件如何，法令能否贯彻实行，兵力强弱，军队是不是训练有素，赏罚是否分明，可以预知战争的胜负，从而采取适当的对策和相应的行动。

【原文】

孙子曰：兵①者，国之大事，死生之地，存亡之道，不可不察②也。

【注释】

①兵：指战争。

②察：研究。

【译文】

孙子说：战争是国家的头等大事，关系着民众的生死，决定着国家的存亡，因此，不得不认真、谨慎地去研究。

【原文】

故经[1]之以五事，校[2]之以计，而索[3]其情[4]。一曰道[5]，二曰天[6]，三曰地[7]，四曰将[8]，五曰法[9]。道者，令民与上[10]同意也，故可以与之死，可以与之生，而不畏危[11]也。天者，阴阳[12]、寒暑、时制也。地者，远近、险易[13]、广狭、死生[14]也。将者，智、信、仁、勇、严也。法者，曲制[15]、官道、主用[16]也。凡此五者，将莫不闻[17]，知之者胜，不知之者不胜。故校之以计，而索其情。曰：主孰[18]有道？将孰有能？天地孰得？法令孰行？兵众孰强？士卒孰练？赏罚孰明？吾以此知胜负矣。将[19]听吾计，用之必胜，留之；将不听吾计，用之必败，去[20]之。

【注释】

①经：衡量，在这里是分析的意思。

②校（jiào）：比较。

③索：探索。

④情：实际情况。

⑤道：道义。此处指是否得民心。

⑥天：天时。即气候、时令等自然方面的条件。

⑦地：地理条件。如地势险要或平坦，场地开阔或狭隘等具体的地形、地势。

⑧将：将令。此处指战争中指挥官的谋略、智慧。

⑨法：军令。

⑩上：国君。

⑪不畏危：不怕危险。

⑫阴阳：昼夜。

⑬险易：地势情况，即地势是险要还是较为平坦等。

⑭死生：死地与生地，即所选地形是否利于己方的战争，有利为生地，不利为死地。

⑮曲制：军队编制、制度。

⑯主用：后勤管理。主是掌管，用为物资。此处指战略物资等后勤保障。

⑰闻：知道。

⑱孰：谁，哪一方。

⑲将：虚词，表示假设，类似“如果”。

⑳去：离开。

【译文】

要从以下五个方面着手，比较、分析双方的各种条件，考察双方的实际情况，以预测战争的走向。一是道义，二是天时，三是地形，四是将帅，五是法规。

所谓“道义”，就是君主要有民心，让民众和君主心意相通，这样军士们才有同生共死的信念，便不怕危险。所谓“天时”，就是指阴阳时节、寒暑交替、春夏秋冬四季等。所谓“地形”，就是指路程的远近，地势的险要情况，战场是开阔还是狭窄，所选战场属生地还是死地等自然地理条件。所谓“将帅”，就是指军队的指挥官是否有足够的智谋才能，是否赏罚有信，对部下是否仁慈关爱，能否做到果断勇敢，所制军队是否军纪严明。所谓“法规”，就是指军队的组织编制是否简洁轻便，将吏的责权划分是否清晰明了，军需物资的掌管是否规范以及供给是否充足。这五个方面，将领一定要深刻了解。了解了就能胜利，否则必将失败。

一定要通过对战争双方的考察，掌握尽可能多的实际情况，并据此加以比较、分析，从而去预测战争胜负的可能。一定要知道：哪一方的君主更得民心？哪一方的将领能力更强？哪一方占有天时地利？哪一方军法严明、赏罚有信？哪一方兵力更加强大？哪一方的军士训练更为有素？哪一方军令执行更为有效？透彻分析了这些条件，自然就能够判定哪一方更容易取胜了。

如果听从我的计策，那么必然能取得胜利，这样我就留下；如果不听我的计策，那么必然导致战争失利，那我就离开。

【原文】

计①利②以听③，乃为之势，以佐其外④。势者，因利而制权⑤也。

【注释】

①计：分析。

②利：优势。

③听：听从，采纳。

④外：国境之外。指他国。

⑤制权：根据实际利害关系而灵活应变。

【译文】

分析我方的优势，还要设法造“势”，来协助进行对外的军事行动。这里所说的“势”，是指在瞬息万变的战争中抓住最为有利的时机采取恰当的应变行动。

【原文】

兵者，诡道也。故能而示[①]之不能，用而示之不用，近而示之远，远而示之近。利而诱之，乱而取[②]之，实而备之，强而避之，怒而挠[③]之，卑而骄之，佚[④]而劳[⑤]之，亲而离之，攻其无备，出其不意。此兵家之胜，不可先传也。

【注释】

①示：展示。此处有故意伪装的意思。下同。

②取：攻取。

③挠：扰乱。

④佚：通“逸”，即安逸、安稳。

⑤劳：疲劳。

【译文】

用兵作战，就是一种比拼诡计的行为。因此，有实力要做出一副没实力的样子，想要攻打一定要做出一副不想攻打的样子；想从近处攻打，就要做出一副要从远处攻打的样子，想从远处攻打就要做出一副要从近处攻打的样子。如果事先得知对方贪利就用利益去诱惑他；如果察觉对方混乱就要趁乱攻打他；对方充实就要多加防备；对方过于强大就要避其锋芒；对方暴躁易恼怒就不停骚扰，让他更加愤怒；对方步步小心谨慎就要设法使他骄傲自大，从而丧失判断力；对方如果准备充分、休整得体，就要设法使其疲劳；对方若是内部团结就要想办法离间他们，让他们互相猜忌。总之，要攻打对方没有防备的地方，要在对方没有料到的时机发动进攻。以上这些，都是军事家克敌制胜的诀窍，考验着军事家们的智慧，需要在战争中根据实际情况灵活应用，不可能事先料到，更无法在战前做出规定。

【原文】

夫未战而庙算①胜者，得算多②也；未战而庙算不胜者，得算少也。多算胜，少算不胜，而况于无算乎！吾以此观之，胜负见矣。

【注释】

①庙算：古时候出兵作战之前，都要去宗庙举行特定仪式，同时商讨具体的作战计划，做出战略部署，这就是“庙算”。

②得算多：有利条件多。

【译文】

在“庙算”上就判定自己能够取得胜利，是因为通过对比、分析后，认为己方胜算更多。在“庙算”上就判定己方无法取得胜利的，是因为通过分析、计算后，认为己方胜算太少。认为自己胜算多的常常取胜，认为自己胜算少的则多半失败，更何况那些根本就没有一点胜算的呢？因此，只要我们根据“庙算”时的结论，就可以大致判定一场战争的结果了。

作战篇第二

本篇主要阐述的是如何进行战争。孙武认为，战争的消耗和战费的开支是十分庞大的，战争旷日持久势必危及国家的存亡。所以，他主张速胜。此外，为弥补已

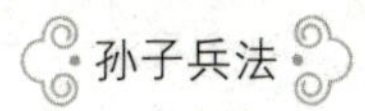

方的消耗和削弱敌国，他又主张“因粮于敌”“胜敌而益强”。

【原文】

孙子曰：凡用兵之法，驰车千驷[①]，革车[②]千乘，带甲[③]十万，千里馈[④]粮，则内外之费，宾客之用，胶漆之材[⑤]，车甲之奉[⑥]，日费千金，然后十万之师举[⑦]矣。

【注释】

①驷：古代把四匹马拉一辆的车叫“驷”。这里的“驷”指由四匹马拉的一种轻型战车。

②革车：古代用于运载辎重的战车。

③带甲：用甲胄武装起来的军士。

④馈：运送。

⑤胶漆之材：泛指制作和维修作战器械所需的各种材料。

⑥奉：供给，补充。

⑦举：出兵作战。

【译文】

孙子说：只要兴兵作战，必然需要出动轻型战车千辆，辎重车千辆，带甲兵士十数万，并且需要千里迢迢运送粮草。这样一来必然花费巨大，前方后方的各种开支，招待宾客策士的费用，物资器材，战车、甲胄的供给等，每天至少要千金，之后十万大军方能出兵作战。

【原文】

其用战[①]也胜，久则钝兵挫锐[②]，攻城则力屈[③]，久暴师[④]则国用不足。夫钝兵挫锐、屈力殚[⑤]货，则诸侯乘其弊而起，虽有智者，不能善其后矣。故兵闻拙速，未睹巧之久也。夫兵久[⑥]而国利者，未之有也。故不尽知用兵之害者，则不能尽知用兵之利也。善用兵者，役不再籍，粮不三载，取用于国，因粮于敌，故军食可足也。

【注释】

①用战：用兵作战。

②钝兵挫锐：锐气挫伤。指军队士气受挫。

③屈：衰竭。力屈就是战斗力衰竭。

④暴（pù）师：军队长期派遣在外。

⑤殚：枯竭。

⑥兵久：作战时间长。

【译文】

用如此庞大的军队作战只能速胜，一旦战争持久不下，就会使军队陷入疲惫，军士锐气挫伤。在此情况下，攻城时就会因为军士战斗力衰竭而屡屡受挫。同时，军队长期在外作战，必然导致国家财力空虚，供给困难。如果军士们疲惫不堪、锐气受挫，整个军队实力耗尽，同时国内物资储备面临枯竭，那么其他人就会乘虚而入，向我方发起进攻。那时，即使有智谋之士也无法挽救危局。所以在实际作战中只听说过笨拙地求得速胜，从未见过有谁为了求巧而极尽拖延的。自古以来，战争旷日持久反而对国家有利的，从来没有听说过。因此，我们可以说，一个将领，如果不了解用兵可能产生的危害，那么他便不了解用兵可能产生的益处。一个善于用兵的人，从来不会一而再，再而三地征兵，也不需要一而再，再而三地从国内往军队运送粮草。善于用兵者，从国内拿军队需要的各种武器装备，但从敌人那里夺取战争所需要的粮草。这样一来，军队的粮草供应自然就不存在问题了。

【原文】

国之贫于师者远输，远输则百姓贫；近于师者贵卖，贵卖则百姓财竭，财竭则急于丘役[①]。力屈、财殚，中原内虚于家。百姓之费，十去其七；公家之费，破车罢[②]马，甲胄矢弩，戟楯蔽橹，丘牛[③]大车，十去其六。

【注释】

①丘役：按丘征集的赋税徭役。丘，是古代的地方行政单位。古时候九家为井，四井为邑，四邑为丘。

②罢（pí）：通“疲”。

③丘牛：指从丘征集来的牛。

【译文】

若国家因作战而贫困，一定是因为军队进行了远途运输，远途运输一定会导致百姓贫穷。同时，靠近军队驻扎的地方还会物价暴涨，物价一旦暴涨就会导致百姓们的财富流失，同时，储备空虚，国家就会急于征集赋税和劳役。这样，就造成军力耗尽，财源枯竭，国内空虚的现象。彼时，百姓的私家财产损耗十分之七；而公家的财产，也会因为战车破损，战马疲惫，甲胄、弓箭、矛戟、盾牌、拉辎重的牛车等的损耗，耗掉十分之六。

【原文】

故智将务食于敌，食敌一钟[①]，当吾二十钟；萁[②]秆一石，当吾二十石。故杀敌者，怒也；取敌之利者，货也。故车战得车十乘已上，赏其先得者。而更其旌旗，车杂而乘之，卒善而养之，是谓胜敌而益强。

【注释】

①钟：古代的容量单位，换算关系为六十四斗为一钟。

②萁（qí）：通“萁”，豆秸。

【译文】

所以，一个聪明的统帅，一定要靠敌国来解决粮草，从敌国处得来一钟的粮食就相当于从本国运来二十钟粮食；从敌国取得一石的草料，就相当于从本国运来二十石草料。因此，想要让士兵拼死杀敌，就一定要激起士兵对敌人的愤怒；想要让士兵们奋勇夺取敌方的军需物资，就一定得用缴获来的财物奖赏士兵，让他们得到好处。所以，在车战中，一旦夺取敌军战车十辆以上，就要奖赏最先夺取战车的那个人。同时，夺来的战车要立即换上我方的旗帜，将之编入我方车队，为我所用。对于那些俘获的俘虏，一定要优待他们，要好好供养他们。这样才能战胜敌人，并使我方更加强大，获得更大的战斗力。

【原文】

故兵贵胜，不贵久。

故知兵之将，生民之司[①]命，国家安危之主[②]也。

【注释】

①司：掌握。

②主：主宰。

【译文】

所以，用兵作战的关键是快速取胜，最为忌讳的就是战争旷日持久。一个深谙用兵之道的将领，是国民命运的掌握者，是一个国家命运的主宰者。

谋攻篇第三

本篇主要论述了如何进攻敌国的问题。孙武主张以尽可能小的代价，去取得最大的成功，即力求不战而胜，不靠硬攻而夺取敌城，不需久战而毁灭敌国。为实现这一目标，他特别强调以谋略取胜，指出：用兵的上策首先是以政治谋略取胜，其次以外交手段取胜，再次是使用武力取胜，下策才是攻城。而要做到这一点，就不仅需要知己，还要做到知彼。

【原文】

孙子曰：凡用兵之法，全国①为上，破国次之；全军②为上，破军次之；全旅③为上，破旅次之；全卒④为上，破卒次之；全伍⑤为上，破伍次之。是故百战百胜，非善之善者也；不战而屈人之兵，善之善者也。

【注释】

①全国：完整的国家。此处指使敌国整体屈服。以下全军、全旅、全卒、全伍等与此处意同。

②军：古代军队的编制单位。大概一万两千五百人为一军。

③旅：古代军队的编制单位。大概五百人为一旅。

④卒：古代军队的编制单位。大概一百人为一卒。

⑤伍：古代军队的编制单位。五人为一伍。

【译文】

孙子说：但凡作战，其原则必然是：使敌国全部屈服是上策，用武力攻破敌国之后，他们才屈服就差一些；降服敌人全军是上策，击破敌军他们才降服就差一些；使敌人全旅降服是上策，击破敌旅后他们才降服就差一些；使敌人全卒降服是上策，击破敌卒他们才屈服就差一些；使敌人全伍降服是上策，击破敌伍后他们才降服就差一些。因此说，常打胜仗，可以做到百战百胜的将军，算不上是最好的将军。只有不通过交战就让敌人全体降服的，才是优秀将领中那个最好的将军。

【原文】

故上兵①伐谋，其次伐交，其次伐兵②，其下攻城。攻城之法为不得已。修橹镄辒③，具器械，三月而后成；距闉④，又三月而后已。将不胜其忿而蚁附之，杀士三分之一而城不拔⑤者，此攻之灾也。

【注释】

①上兵：即最好的军事手段。上，最好；兵，军事手段。

②伐谋：用谋略讨伐。伐交：用外交手段去讨伐。伐兵：用武力去讨伐。

③镄辒（fén wēn）：古代攻城用的一种四轮车具。

④距闉（yīn）：为堆积攻城用的土山。闉，通“堙”，土山。

⑤拔：城被攻下。

【译文】

因此，最上等的军事行动是用谋略打败敌人，其次是用外交手段征服敌人，再次就是用武力打垮敌军，最下等的策略是攻破敌人的城池，之后征服敌人。攻城是迫不得已时才会采取的方法。修理制造橹、镄辒等各种攻城工具，准备其他的攻城器械，大概需要三个月才能完成。堆攻城时用的土山，又差不多得三个月才能完成。如果将领在长期的准备中难以抑制焦躁情绪，最后命令士兵像蚂蚁一样爬云梯攻城，结果是虽然士兵死伤三分之一，但城池仍然攻不下来，这就是攻城所带来的灾难。

【原文】

故善用兵者，屈人之兵而非[①]战也，拔人之城而非攻也，毁人之国而非久也，必以全争于天下，故兵不顿[②]而利可全，此谋攻之法也。

【注释】

①非：不需要。

②顿：通“钝”，疲惫，受挫。

【译文】

因此，真正善于用兵打仗的人，不通过打仗就能使敌人屈服，不通过攻城就能拿下敌人的城池，即使是摧毁敌国，也不需要长期作战；他们一定会用“全胜”的策略去争胜于天下，这样一来，不仅国力不会受损，兵士不会疲惫，而且还获得了全面的胜利，这就是最好的谋攻法则。

【原文】

故用兵之法，十则围[①]之，五则攻之，倍则分[②]之，敌则能战之，少则能逃之，不若[③]则能避之。故小敌之坚，大敌之擒也。

【注释】

①围：包围。

②分：分散。

③不若：条件不如敌人。

【译文】

因此，真正的用兵作战原则必然是：兵力是敌人的十倍时，就围歼他们；兵力是敌人的五倍时，就正面进攻他们；兵力是敌人的一倍时，就要设法分散他们，然后逐个击破；势均力敌时，就要想尽办法战胜他们；兵力少于敌人时，最好选择逃跑，设法摆脱敌人；如果各种条件都不如敌人，那么一定不要开战。所以，弱小的军队最好不战，如果坚持硬拼，其结果必然是被强大的敌人消灭。

【原文】

夫将者，国之辅也。辅周[①]则国必强，辅隙[②]则国必弱。

【注释】

①周：周到。

②隙：疏漏，缺陷。

【译文】

将帅是国君的臂膀，如果将帅辅佐国君缜密周详，那么国家必然走向强大。如果将帅辅佐国君有疏漏，不尽职，那么国家必然会衰败。

【原文】

故君之所以患于军者三：不知军之不可以进而谓之进，不知军之不可以退而谓之退，是谓縻[①]军；不知三军之事而同三军之政者，则军士惑矣；不知三军之权而同三军之任，则军士疑矣。三军既惑且疑，则诸侯之难至矣，是谓乱军引胜。

【注释】

①縻：牵制。指军队受到束缚。

【译文】

因此，国君可能给军队造成的危害有三种：不知道军队不可以前进而强制下令前进，不知道军队不可以后退却强制下令后退，这是束缚军队、强制军队；不懂得战争规律却极力要参与战争，或不懂得战争规律但去干涉军队，这样战士们就会感觉迷惑，不知如何是好；不懂得战略战术的变化却要强行参与指挥，这样将士们就会产生疑虑。一个军队无所适从，又疑虑重重，那么各诸侯就会乘机发难。这就等于国君扰乱了自己的军心，从而帮助敌人战胜自己。

【原文】

故知胜有五：知可以战与不可以战者胜，识众寡之用者胜，上下同欲者胜，以虞①待不虞者胜，将能而君不御②者胜。此五者，知胜之道也。

【注释】

①虞，准备。

②御：驾。此处引申为牵制、干预的意思。

【译文】

因此，判断一支军队是否能够胜利有五个方面：能够准确判断仗能打或不能打的通常会取得胜利；懂得根据敌我双方实际情况分配兵力的常会取得胜利；军心稳固，全军上下同心协力的常会取得胜利；两方交战，一方准备充分，另一方准备不充分，准备充分的常会胜利；将领聪慧、有才华，精通军事、精于权变，同时君主又大胆放权，对将领不加干涉的常会取得胜利。以上五个方面就是预见胜利的方法。

【原文】

故曰：知彼知己者，百战不殆[①]；不知彼而知己，一胜一负；不知彼不知己，每战必殆。

【注释】

①殆：危险，失败。

【译文】

因此说：充分了解对方也非常了解自己的，每次战斗都不会失败；不了解对方而只了解自己的，就只能胜负各占一半了；那些既不了解对方又不了解自己的，肯定每次打仗都会失败。

形篇第四

本篇主要讲如何利用物质之“形”来保全自己，取得完全的胜利。孙武认为，只有先使自己立于不败之地，然后等待和寻求战胜敌人的时机，才能夺得战争的胜利。当取胜条件不足时，应采取守势，当取胜条件具备时，则应采取攻势。因此，会用兵的人善于使自己处于不可战胜、必胜无疑的地位，擅长创造战胜敌人的机会。只有这样的人才能掌握胜败的决定权，他所战胜的是已经注定要失败的敌人。而上述足以使自己立于不败之地的物质之“形”，便是由国土的大小所产生的物产、军资、士卒的多少，以及军事实力对比的强弱。

【原文】

孙子曰：昔之善战者，先为不可胜，以待敌之可胜。

不可胜在己，可胜在敌。故善战者，能为不可胜，不能使敌之可胜。故曰：胜可知而不可为。

【译文】

孙子说：过去那些善于用兵作战的人，总是首先创造条件，让自己立于不败之地，然后耐心等待机会，观察敌人何时有可乘之隙。这样，先使自己立于不败之地，便掌握了主动权，之后能否战胜敌人，便看敌人是否有可乘之隙了。所以，善于用兵作战的人，可以做到自己不被敌人战胜，却无法做到一定战胜敌人。从这个意义上说，胜利是可以预测的，但不可强为，当条件不具备的时候，即使是善战的高手，也一样无法打败敌人。

【原文】

不可胜者，守也；可胜者，攻也。守则不足，攻则有余。善守者藏于九地[①]之下，善攻者动于九天[②]之上，故能自保而全胜也。

【注释】

①藏于九地：意思是说隐藏得深，使敌人不可预知。古人常用“九”来表示数的极致，这里的九地就是极为隐蔽的意思。

②九天：意为高不可及。

【译文】

如果遇到的是不可战胜的敌人，那么就应该采取防守的战术；当发现敌人有可乘之隙时，就要果断采取进攻的战术了。之所以采取防守，是因为我方实力不足，不具备战胜对手的条件；之所以采取进攻是因为我方实力有余，具备取胜的条件。一个善于防守的人，能够做到把自己的兵力隐藏在深不可测的地方，使敌人无法发现；一个善于进攻的人，可以做到让部队产生从天而降的效果，突然出现从而有效打击敌人，因此能做到既保全自己又获得全面胜利。

【原文】

见胜不过众人之所知，非善之善者也；战胜而天下曰善，非善之善者也。故举秋毫①不为多力，见日月不为明目②，闻雷霆不为聪耳。古之所谓善战者，胜于易胜者也。故善战者之胜也，无智名③，无勇功④，故其战胜不忒⑤。不忒者，其所措⑥必胜，胜已败者也。故善战者，立于不败之地，而不失敌之败也。是故胜兵先胜而后求战，败兵先战而后求胜。善用兵者，修道而保法，故能为胜败之政⑦。

【注释】

①秋毫：本指秋天时鸟兽的细毛。此处比喻非常轻微的东西。

②明目：眼睛明亮。

③智名：有智慧的名声。

④勇功：勇敢杀敌的名声。

⑤不忒：没有差错。

⑥措：指作战措施。

⑦政：这里指主宰战争的胜负。

【译文】

能够预见胜利，但预测没有超过大家的见识，就不能算是最好的；打了胜仗又受到天下人的称赞，也不能算是高明中最高明的。就好像举得起秋毫差不多重量的东西不能称之为大力士，能看见日月算不上是眼睛异常明亮，以及听见雷鸣算不上是耳朵灵便一样。古代人们所谓善于用兵的人，只不过是战胜了那些容易战胜的敌人而已。所以，真正善于用兵的人是这样的。他们取得了胜利，但并没有智慧过人的名声，也没有勇武杀敌的战功，之所以如此，是因为他们在打胜仗时没有出现任何差错。没有差错也就没有所谓转折，因此不易引起人们的重视。这些人之所以不出现任何差错，就在于他们所采取的战术是能确保胜利的，因此，可以说他们所战胜的是已经处于失败地位的敌人。所以，真正善于打仗的人，是能使自己处于不败之地的，而且，他们不会放过任何可以导致敌人失败的时机。所以，打胜仗的军队，总是在先创造完取胜的条件之后才去交战，而那些打败仗的部队，总是先去交战之后在战争中企图侥幸获胜。真正会用兵的人，善于修明政治并且遵循制胜的规律，所以他们是能够主宰战争胜败的王者。

【原文】

兵法：一曰度①，二曰量②，三曰数③，四曰称④，五曰胜。地生度，度生量，量生数，数生称，称生胜。故胜兵若以镒称铢⑤，败兵若以铢称镒。胜者之战民也，若决积水于千仞⑥之谿者，形⑦也。

【注释】

①度：长度。此处指国土面积的大小。

②量：容量。此处指国家物产是否丰富。

③数：数量。此处指军队数量的多少。

④称：权衡轻重。此处指力量的对比。

⑤以镒称铢：比喻力量相差很大。

⑥千仞：比喻非常高。仞，古代的长度单位，古人有“七尺一仞”“八尺一仞”等不同说法。

⑦形：此处有“势”的意思，主要指军事实力。

【译文】

兵法上说：一是要估算自己国土的面积，二是要推算本国物产数量的多寡，三是要统计军队的规模，四是要对双方军事实力进行细致的比较，五是要得出胜负的判断。有了土地也就有了土地面积，有了土地面积也就能推算出物产数量的多少，知道了物产数量的多少就能决定可以供养多少兵员，有了兵员数目，就能比较双方的军事实力，了解了双方的军事实力，也就能得出胜负的判断了。所以，获胜的军队打失败的军队就如同用“镒”来称“铢”，具有绝对优势，而失败的军队打获胜的军队就如同用“铢”来称“镒”，没有任何优势。胜利者指挥军队打仗，就像从千仞高的山涧中往下放水，其势猛不可当，简直无坚不摧，这就是军事实力的外在表现。

势篇第五

本篇主要阐述如何造成有利的态势，来压倒对方。孙武认为，只要选择有才能的将领，充分发挥他们的才干，以自己的军事实力为基础，造成一种势不可当的有利态势，士卒就会勇猛无比地战胜敌人。而要造成有利的态势，就必须正确组织和部署兵力，善于指挥调动军队，擅长出奇制胜，即以正兵当敌，以奇兵取胜。“奇”“正”是相辅相生的关系，它们的变化是无穷的。所以，要出奇制胜，就应善于因时、因地、因事制宜，根据情况的变化，改换奇正的战法。此外，要造成有利的态势，还必须善于故意向敌示弱，诱敌以利，以达到欺骗和调动敌军的目的，造成战胜敌军的有利时机。

【原文】

孙子曰：凡治众如治寡，分数[①]是也；斗众如斗寡，形名[②]是也；三军之众，可使毕受敌[③]而无败者，奇正[④]是也；兵之所加，如以碫投卵[⑤]者，虚实是也。

【注释】

①分数：此处指军队的组织编制。

②形名：事物的形体和名称。用于此处泛指指挥军队作战的工具及联络信号，如金、鼓、旌旗之类。

③毕受敌：四面受敌。

④奇（jī）正：此处指代古代军队作战的方法。奇是指变化无端、出敌不意的战法。正指正规或一般的战法。

⑤以碫投卵：用石头投向鸡蛋。

【译文】

孙子说：想要做到治理人数众多的军队就像治理少数几个人那样简单，就要靠良好的组织、编制；想要做到指挥人数众多的军队就像指挥少数几个人一样井然有序，就要靠良好的指挥作战用的工具及简单有效的联络信号；即使四面受敌也不会遭遇失败，关键是要正确运用“奇正”战术的变化；向敌军发起进攻时，想要达到用石头砸鸡蛋一样的效果，就要娴熟地运用以实击虚等手段。

【原文】

凡战者，以正合[①]，以奇胜。故善出奇者，无穷如天地，不竭[②]如江河。终而复始，日月是也。死而复生，四时是也。声[③]不过五，五声之变，不可胜[④]听也；色[⑤]不过五，五色之变，不可胜观也；味[⑥]不过五，五味之变，不可胜尝也。战势不过奇正，奇正之变，不可胜穷也。奇正相生，如循环之无端，孰能穷之？

【注释】

①合：会合交战。

②竭：枯竭。

③声：五声。我国古代以宫、商、角、徵、羽五个基本音阶指称五声。

④胜：尽。

⑤色：颜色。我国古代以青、赤、黄、白、黑五种颜色为正色。

⑥味：味道。我国古代以甜、酸、苦、辣、咸五种基本味道为五味。

【译文】

一般的作战方法，都是以“正”兵会合交战，然后利用“奇”兵辅助，出奇制胜。所以，善于运用奇兵的人，其战术繁复多样，就像天地的变化一样，无穷无尽，又像江河一样，永不枯竭。终而复始，无穷无尽，有如日月起落轮回一般；死而复生，周而复始，就好比四季更迭一般，没有尽头。声音不过宫、商、角、徵、羽五个音阶，然而用这五种音阶变化组合，就能创造出永远也听不完的音乐；颜色不过青、赤、黄、白、黑五种，然而用这五种色调变化组合，就能产生出永远看不完的色彩；味道不过甜、酸、苦、辣、咸五种，然而用这五种味道相互调合，就能产生出永远也尝不完的美味。战争中的势态、战法，不过“奇”“正”两种，然而运用巧妙手段，将“奇”“正”变化组合，就能产生出无穷无尽的战术。“奇”“正”也是可以相互转化的，它就像沿着圆环旋转一样，永远也到不了头，有谁能够穷尽它呢？

【原文】

激水之疾①，至于漂石者，势也；鸷鸟②之疾，至于毁折者，节③也。是故善战者，其势险，其节短。势如彍弩④，节如发机⑤。

【注释】

①疾：急速。

②鸷鸟：指凶猛的鸟。

③节：节奏。

④彍弩：拉满的弓弩。

⑤发机：扣动弩机。

【译文】

湍急的流水疾驰奔泻，甚至能漂动大石，这是因为它有强大的水势；鸷鸟速度飞快，以至于能迅速捕杀锁定的鸟兽，是因为它掌握了急促的节奏。因此，善于作战的指挥者，也一定是能够制造险峻势态的人，他进攻的节奏必然是极度短促的。善战者所造成的“势险”就如同拉满的弓弩一样，随时可以发射，进攻的“节奏”就如同扣动弩机那样，突然就可以发生。

【原文】

纷纷纭纭[①]，斗乱[②]而不可乱也；浑浑沌沌[③]，形圆[④]而不可败也。乱生于治，怯生于勇，弱生于强。治乱，数[⑤]也；勇怯，势[⑥]也；强弱，形也。故善动[⑦]敌者，形[⑧]之，敌必从之；予之，敌必取之。以利动之，以卒[⑨]待之。

【注释】

①纷纷纭纭：纷杂混乱。此处指代旗帜繁乱。

②斗乱：混乱。指战斗状态。

③浑浑沌沌：此处指战车转动，人马奔驰。

④形圆：圆形的阵形。

⑤数：军队的编制。

⑥势：指军事态势。

⑦动：调动。

⑧形：指以假象迷惑敌人。

⑨卒：重兵。

【译文】

旌旗纷杂，局势混乱，但自己组织指挥的军队有条不紊；战车转动，人马往来奔驰，但自己组织指挥的军队沉着冷静、应付自如，如此自然立于不败。在一定的条件下，“乱”可以产生于“治”，“怯”可以产生于“勇”，“弱”可以产生于“强”。是“治”还是“乱”，取决于军队的组织编制；是“勇”还是“怯”，取决于势态的优劣；是“强”还是“弱”，取决于力量的大小。所以，善于调动敌军的人，会向敌军示以假象，而敌军则一定会为其所骗，从而上当；他们给敌军一点好处，敌军便为其所诱。他们最擅长的就是用小利引诱敌军，之后部署重兵来严阵以待。

【原文】

故善战者，求之于势，不责[1]于人，故能择人而任势。任势者，其战人[2]也如转木石。木石之性，安则静，危[3]则动，方则止，圆则行。故善战人之势，如转圆石于千仞之山者，势也。

【注释】

①责：苛求。

②战人：指挥士卒作战。

③危：危险。此处指地势倾斜、陡峭。

【译文】

所以，善于指挥作战的人追求的是有利于己方的“势”，而不是去严苛要求自己的士兵，因此，他们能选择合适的人才去利用已形成的“势”帮助自己取胜。那些善于利用“势”的将领在指挥部队作战时，就像转动木头和石头一样。木头和石头的特性是，当处于平坦地势时，就静止不动，处于倾斜、陡峭的地势时就会滚动，方形的物体就容易静止，圆形的物体就容易滚动。所以，善于指挥作战的人所造就的“势”，总是像从很高的山上把圆石滚下来一样，势不可当。这就是军事上所谓的“势”。

虚实篇第六

本篇主要论述指挥作战如何争取主动权，灵活地打击敌人。孙武认为，要取得主动，要善于诱敌以利，调动敌军而不被敌军所调动，就要善于了解敌情和敌方隐瞒我军的意图、行动和用兵规律。如能做到这些，就能掌握主动，集中我军兵力，分散敌军兵力，利用敌军的弱点和错误，以众击寡，避实击虚，因敌而制胜。

【原文】

孙子曰：凡先处①战地而待敌者佚②，后处战地而趋战③者劳。故善战者，致人④而不致于人。能使敌人自至者，利之也；能使敌人不得至者，害之也。故敌佚能劳之，饱能饥之，安能动之。

【注释】

①处：到达，占据。

②佚：安逸，从容。

③趋战：仓促应战。

④致人：调动别人。

【译文】

孙子说：凡是先到达战场并牢牢占据战场，从容等待敌人的，就获得了主动权；而后到达战场，匆忙投入战斗的就会身处被动，从而为疲劳所累。所以，善于指挥作战的人，一定是能成功调动敌人而不被敌人所调动的。一定能使敌人自动进入预设好的区域的，是因为用小利引诱了他；能使敌人不能达到其预定地域，是因为给敌人制造了困难。当敌人休整较好时，能设法让其疲劳；当敌人给养充足时，能设法使之处于饥饿；当敌人安稳不动时，能设法让敌人行动起来。

【原文】

出其所必趋，趋其所不意。行千里而不劳者，行于无人之地也。攻而必取者，攻其所不守也。守而必固者，守其所不攻也。故善攻者，敌不知其所守；善守者，敌不知其所攻。微乎微乎[①]，至于无形；神乎神乎[②]，至于无声，故能为敌之司命[③]。

【注释】

①微乎微乎：微妙啊微妙。

②神乎神乎：神奇啊神奇。

③司命：命运的主宰。

【译文】

要向敌人不设防的地区进军，更要急速到达敌人所预料不到的地点，然后展开快速攻击。之所以行军千里而不疲惫，是因为走的是敌人所没有设防的地区。之所以进攻就一定会获胜，是因为攻击的是敌人所不设防的地方。防守之所以异常稳固，是因为守的是敌人不进攻的地方。所以，真正善于进攻的人，一定是出其不意的，让敌人不知道他从哪里进攻；而善于防守的人，则是准备充分的，能使敌人不知道该从哪里或怎样进攻。微妙啊微妙，竟然见不到一点痕迹；神奇啊神奇，居然找不到半点的漏洞。这样，就能成为敌人命运的主宰，胜利也是必然的了。

【原文】

进而不可御者，冲其虚也；退而不可追者，速而不可及[①]也。故我欲战，敌虽高垒深沟，不得不与我战者，攻其所必救也。我不欲战，画地而守之，敌不得与我战者，乖其所之[②]也。

【注释】

①及：到。此处是追上的意思。

②乖其所之：改变敌人的去向。乖，背离，违背。

【译文】

进攻时敌人无法抵御，是因为攻击的是敌人兵力薄弱的地方；撤退时敌人无法追击，是因为行动迅速，没给敌人反应时间。所以，真正的善战者一定是这样的：我军想要交战时，哪怕敌军有高垒深沟，怀着闭门不战的想法，也不得不出来与我交战，之所以如此，是因为我军攻击了它非救不可的要害之处。当我军不想与敌军交战时，哪怕我们只是在地上画条线作为防守的屏障，敌军也无法与我军交战，之所以如此，是因为我军已经诱使敌人改变了进攻的方向，他们朝别处去了。

【原文】

故形人①而我无形，则我专而敌分。我专为一，敌分为十，是以十攻其一也，则我众敌寡。能以众击寡者，则吾之所与战者约②矣。吾所与战之地不可知，不可知则敌所备者多。敌所备者多，则吾所与战者寡矣。故备前则后寡，备后则前寡，备左则右寡，备右则左寡，无所不备，则无所不寡。寡者，备人者也；众者，使人备己者也。

【注释】

①形人：此处指诱使敌人暴露形迹。

②约：少。

【译文】

所以，要诱使敌军暴露形迹而让我军处于隐蔽状态，这样，我军的兵力就可以集中，而且易于用计使敌军的兵力分散。我军把兵力集中于一点，而敌人分散在十处，就相当于我军以十倍于敌人的兵力攻打敌人，从而出现我众敌寡的态势，自然有利于我军。之所以能做到以众击寡，是因为与我军直接交战的敌军变少了。此时，我军所设定的战场在哪里，敌军不知道，因此敌军就会处处分兵设防，以防万一。如此，则敌军所防备的地点越多，那么直接和我军交战的部队就会越少。所以，他们充分防备了前面，后面的兵力就会不足；充分防备了后面，前面的兵力就会不足；充分防备了左边，右边的兵力就会不足；充分防备了右边，左边的兵力就会不足；处处都防备，就处处兵力不足。敌军之所以兵力薄弱，就是因为处处设置防备，分散了自己的力量；我军之所以兵力充足，就是因为迫使敌人处处设防备，分散了他们的力量。

【原文】

故知战之地，知战之日，则可千里而会战；不知战地，不知战日，则左不能救右，右不能救左，前不能救后，后不能救前，而况远者数十里，近者数里乎？以吾度①之，越人②之兵虽多，亦奚③益于胜哉？故曰：胜可为也。敌虽众，可使无斗④。

【注释】

①度：推测，判断。

②越人：即越国人。春秋时越国和吴国经常相互征伐，孙武为吴王讲兵法时也常以越国为假想敌。

③奚：疑问词，相当于“何”的意思。

④无斗：无法战斗。

【译文】

所以，能预知与敌人交战的地点，又能预知与敌人交战的时间，那么，即使行军千里也可以顺利与敌人交战；相反，如果不能预知与敌人交战的地点，也不能预知与敌人交战的时间，便只能毫无准备，仓促迎敌，那样必然陷入被动，从而导致左翼不能救右翼，右翼不能救左翼，前面不能救后面，后面不能救前面，近在咫尺尚不能救，更何况远的有数十里远，连距离近的也有好几里远呢？所以，我推断，越国的军队虽然很多，但如果战术不对，一样对他们没有任何帮助。所以说：胜利是可以创造的，只要战术运用得体，即使敌人兵多将广，一样可以让他们没有战斗力，进而为我军所制。

【原文】

故策①之而知得失之计，作②之而知动静之理，形之而知死生之地，角③之而知有余不足之处。故形兵之极，至于无形。无形，则深间不能窥，智者不能谋。因形而错胜于众，众不能知；人皆知我所以胜之形，而莫知吾所以制胜之形。故其战胜不复，而应形于无穷。

【注释】

①策：分析判断。

②作：诱使敌人行动。

③角：比较。此处指试探性的进攻。

【译文】

所以，通过分析便可以判断敌人作战计划的优劣得失，诱使敌人行动便可以了解其动静规律，通过陈师布阵的演练就可以知道所处地形是生地还是死地，通过试探性进攻就可以探明敌人兵力布置是否完善。所以，陈师布阵的方法运用得极为巧妙时，便可以做到一点形迹也没有。如果丝毫不暴露行迹，那么即使隐藏再深的间谍也不能探明我方的真实情况，再足智多谋的对手也想不出对付我方的办法。甚至可以做到，即使把取胜的策略摆在众人面前，人们也想不出我方是怎样打胜的。人们都知道我方克敌制胜的方法，却都猜不出我方是怎样运用这些方法取得胜利的。所以，没有一成不变的方法，每次取胜也都不会重复前一次的方法，而是根据现实情况做出一定的调整，运用无穷变化的战术，制定出最符合当时情势的方法来。

【原文】

夫兵形象水，水之形，避高而趋下；兵之形，避实而击虚。水因地而制流，兵因敌而制胜。故兵无常势①，水无常形；能因敌变化而取胜者，谓之神②。故五行③无常胜，四时无常位，日有短长，月有死生④。

【注释】

①势：形态。

②神：指用兵如神。

③五行：金、木、水、火、土。因其互为生克，故说五行无常胜。

④月有死生：月有圆缺，此处指月亮有圆与缺的变化。

【译文】

作战就好比流水，水的流动方式是远离高处而向低处流淌，作战取胜的方法则是避开防备坚固之处，而攻其薄弱的环节。水会自动根据地势来决定自己的流向，军队也应该根据敌情随时制定取胜的方略。所以用兵作战就像流水一样，没有一成不变的态势。真正的用兵如神者，一定是能够根据敌情随时改变制胜策略的。所以，用兵作战的性质，就像金、木、水、火、土五行一样，互为本末，又相生相克，没有哪个能够常胜；也像春、夏、秋、冬四季依次交替一样，没有哪个季节能够固定不移；同时，也像白天有短有长，月亮有圆有缺一般，永远处于变化之中。

军争篇第七

本篇论述的是如何通过机动应变掌握主动，先于敌人造成有利态势和取得制胜的条件。孙武认为，两军相争时，最困难的莫过于懂得将迂曲视为径直，以不利为有利，比敌人后出动而先到达必争之地，先于敌人取得制胜的有利条件。孙武还指出，要先于敌人取得制胜的条件，必须避免轻率冒进，要紧跟各国动向，了解道路、地形，重视向导，善于欺骗敌人，根据情况分散或集中使用兵力，擅长指挥军队，根据军队的士气、军心和军力，因敌而变，从而夺取胜利。

【原文】

孙子曰：凡用兵之法，将受命于君，合军聚众，交和而舍，莫难于军争。军争之难者，以迂①为直②，以患③为利。故迂其途而诱之以利，后人发④，先人至⑤，此知迂直之计者也。

【注释】

①迂：迂回曲折。

②直：指直道。

③患：祸患，不利。

④后人发：比别人出发晚。

⑤先人至：比别人到达早。

【译文】

孙子说：但凡用兵的方法不外乎此：将帅从国君那里接受命令，之后征集民众、组织军队，然后整装出发，同敌人对阵。在这些环节中，最难的要算如何争得制胜的先机。要想争得制胜的先机，最困难的莫过于把迂回曲折的弯路转变为笔直的捷径，把于我们不利的条件转变为对我们极为有利的条件。所以，娴熟运用迂回绕道的方法，再用小利去引诱敌人，这样就能做到虽然比敌人后出发，却可以先到达从而抢先占领阵地，这就是懂得了“以迂为直”的道理的人了。

【原文】

故军争为利，军争为危。举军[①]而争利，则不及；委军[②]而争利，则辎重[③]捐。是故卷甲而趋[④]，日夜不处[⑤]，倍道兼行，百里而争利，则擒三军将，劲者[⑥]先，疲者后，其法十一[⑦]而至。五十里而争利，则蹶上将军，其法半至。三十里而争利，则三分之二至。是故军无辎重则亡，无粮食则亡，无委积[⑧]则亡。

【注释】

①举军：全军。

②委军：丢弃辎重。委，丢弃，抛弃。

③辎重：指粮秣、军械等军需物资。

④卷甲而趋：卷起铠甲快速前进。

⑤处：停止，休息。

⑥劲者：健壮的士卒。

⑦十一：十分之一。

⑧委积：指军需物资储备。

【译文】

战争自然存在有利的一面，但同时，战争也有危险的一面。比如，如果率领全部军队，带着所有辎重去跟别人打仗，那么很可能因为负重太多，不能及时到达预定位置，从而失去先机；可是，如果丢弃辎重或抛弃一小部分行军速度慢的部队，轻装去打仗，那么，装备辎重就会损失，从而导致失败。所以，命令手下士兵们卷起铠甲快速前进，日夜不休地加速行军的将军就可能被俘获。如果太过着急，从而导致强壮的士兵先到达，疲弱的士兵掉了队，远远落在后面，那么结果就是只有十分之一的兵力赶到战场，同样无益于作战；急速奔走五十里去争利的部队，其将领很可能会受挫折，其结果则多半是只有半数的兵力及时赶到战场；若是急速奔走三十里去争利，其结果最多也只有三分之二的兵力及时赶到。由以上可见，部队没有辎重就会失败，没有粮食供应就不能生存，没有足够的物资储备就无法坚持作战。

【原文】

故不知诸侯之谋者，不能豫交[1]；不知山林、险阻、沮泽[2]之形者，不能行军；不用乡导[3]者，不能得地利。

【注释】

①豫交：和诸侯结交。豫，为《九地篇第十》“预交”中“预”的本字，原意为参与。

②沮泽：水草丛生的沼泽地。

③乡导：即向导，指给军队带路的人。“乡”通“向”。

【译文】

所以，不了解诸侯列国的战略企图，就无法取得他们的认同，与之结交；不熟悉山林、险阻、沼泽等地形，就无法很好地行军；不使用向导，就无法有效地利用有利地形。

【原文】

故兵以诈立，以利动，以分合为变者也。故其疾[①]如风，其徐[②]如林，侵掠如火，不动如山，难知如阴，动如雷震；掠乡分众，廓地分利，悬权而动。先知迂直之计者胜。此军争之法也。

【注释】

①疾：快速。

②徐：缓慢。

【译文】

所以，用兵作战最重要的就是用“诈”，实际操作中，要根据是否有利来采取行动，要根据双方情势进行对比分析，然后决定是分散还是集中。所以，军队需要行动时，就要迅猛得像狂风，呼啸而至；不需要动时，就要似树林那般，严整安静；攻击敌人时要像燎原的烈火；按兵不动时要像岿然屹立的山岳；隐蔽时得像阴天看不清日月星辰那般，不露痕迹；行动时就像雷霆，以万钧之势让敌人不及掩耳。要掠取敌人的作战物资并将其民众分散，要扩张地域，之后分兵把守以确保不被抢走；要权衡利害得失然后相机而动。总之，谁先懂得以迂为直的方法，谁就能取得最后的胜利。这就是战争的法则。

【原文】

《军政》[1]曰："言不相闻，故为金鼓[2]；视不相见，故为旌旗[3]。"夫金鼓旌旗者，所以一人之耳目也。人既专一，则勇者不得独进，怯者不得独退，此用众之法也。故夜战多火鼓[4]，昼战多旌旗，所以变人之耳目也。

【注释】

①《军政》：古代的兵书。

②金鼓：古代夜战时用来指挥作战、传递信号的工具。

③旌旗：泛指作战用的各种旗帜。

④火鼓：即"金鼓"。

【译文】

《军政》里说："部队作战时，指挥官用话语传递指挥信息士兵们是难以听到的，所以给部队设置了金鼓，并赋予各种击鼓节奏以特定信息，从而用来指挥作战、传递信号；作战时用动作来指挥，士兵们会看不清或看不见，所以，部队都是用旌旗来指挥作战。"因此，金鼓和旌旗都是用来传递信息，统一士兵视听及作战行动的。有了它们，全军的士兵都能服从于统一的指挥，这样，勇敢的士兵就不会单独冒进，胆怯的士兵也不会独自退却了。这就是指挥大规模部队的方法。所以，夜间作战多用金鼓指挥，而白天打仗多用旌旗指挥。这些变化都是用来适应士卒们的视听条件的。

【原文】

故三军可夺气[1]，将军可夺心[2]。是故朝气锐[3]，昼气惰[4]，暮气归[5]。故善用兵者，避其锐气，击其惰归，此治气[6]者也。以治待乱，以静待哗，此治心者也。以近待远，以佚待劳，以饱待饥，此治力者也。无邀正正之旗，勿击堂堂之陈，此治变者也。

【注释】

①夺气：挫伤士气。

②夺心：动摇决心，此处指动摇军心。

③锐：此处指气盛。

④惰：懒惰，懈怠。

⑤归：此处指士气衰竭。

⑥治气：掌握士气。

【译文】

所以说，三军士卒的锐气是可以挫伤的，三军士卒的决心也是可以动摇的。一般来讲，军队初战时，大都士气饱满，个个锐不可当；过了一段时间之后，士气就会变得低落，不再那么勇猛了；等到了战争后期，士气就会衰竭，所剩无几。因此，善于用兵的人，总是避开敌人的锐气，而趁其士气低落衰竭时发起猛攻，这就是正确掌握士兵士气的方法。懂得用严整来应对敌人的混乱，用沉着镇定来应对敌人的躁动与喧哗，这就是正确掌握军心的方法。自己先行靠近战场，之后等待远道跋涉而来、已经变得疲惫的敌人；用自己的从容来应对疲惫不堪的敌人，自然能掌握主动；用己方已经酒足饭饱的士兵来等待粮尽人饥的敌人，这就是正确的指挥军力的方法。一定不要去迎击旗帜整齐、队伍统一的军队，也不要去攻击阵容整肃、士气饱满的军队，这就是正确掌握随机应变的方法。

【原文】

故用兵之法，高陵勿向①，背丘勿逆②，佯北③勿从④，锐卒勿攻，饵兵[5]勿食，归师[6]勿遏，围师必阙[7]，穷寇勿迫。此用兵之法也。

【注释】

①向：指从下向上仰攻。

②逆：指迎面进攻。

③北：败北。

④从：跟从，跟踪。

⑤饵兵：指引诱我军的诱战部队。

⑥归师：退却的敌军。

⑦阙：通“缺”，空缺。

【译文】

所以，正确的用兵方法是：当敌军占领山地中的高地时不要迎面仰攻，因为他们占据地理优势；敌军背靠高地时不要正面迎击，因为他们无路可退必然奋勇反抗；对于假装败退的敌人不要跟踪追击，因为对方多半会设置陷阱；面对敌人的精锐部队时，不要强攻，要懂得避其锋芒；发现敌人的诱兵时，不要想着去消灭，因为多半是计策；对于已经决定撤退的部队不要去阻截，否则会招来反抗；包围敌军时，一定要留出一个缺口，否则会激起敌人最激烈的反抗；对于陷入绝境的敌人不要过分逼迫，否则会增强他们的士气。这些都是用兵的基本原则。

九变篇第八

本篇主要论述如何发挥指挥上的灵活性。孙武认为，灵活性的基础在于对利弊进行全面的衡量。只有全面认识利弊，才能设法威胁、困扰和挫败敌国，以利诱敌，才能常备不懈，使敌无机可乘。只有全面看待利弊，在有利的情况下看到不利的因素，在不利的情况下看到有利的因素，方能根据具体情况，趋利避害，采取相应的对策和行动。

【原文】

孙子曰：凡用兵之法，将受命于君，合军聚众，圮地①无舍，衢地②交合，绝地③无留，围地④则谋，死地⑤则战。涂有所不由，军有所不击，城有所不攻，地有所不争，君命有所不受。故将通于九变之地利者，知用兵矣；将不通于九变之利者，虽知地形，不能得地之利矣。治兵不知九变之术，虽知五利，不能得人之用矣。

【注释】

①圮地：指山林、险阻、沮泽等难行的道路。

②衢地：四通八达之地。此处指多国交壤、交通便利的地方。

③绝地：指与后方隔绝、难以生存的地区。

④围地：此处指比较狭隘或者迂回曲折等容易被人包围的地方。

⑤死地：不能生存的地方。此处指面对大规模敌军，同时又没有逃跑路线的地方。

【译文】

孙子说：大凡用兵的方法都是这样的：首先是将帅接受国君的命令，然后征集兵员组建军队出征。出征中，在山林、险阻以及水草丛生的地方绝对不能扎营驻军，在四通八达、交通便利，与他国接壤的地区打仗时，首先要做的是与四邻结交，保证他们不会突然攻打我们。在与后方隔绝、生存条件苛刻的地区一定不要停留，万一此时被包围，就要巧用计谋，创造突围的条件。在身处死地时，就要收拾决心，决一死战。打仗时一定要记住，有些道路是不可以走的，有些敌军千万不能攻击，有些城池不可以占领，有些地域千万不要争夺，即使是君主的命令，有时也可以不接受。所以，一名将帅如果精通“九变”的具体运用，那么就可以说是懂得用兵之道。如果一名将帅不懂得“九变”的具体运用，那么即使他了解地形，也一样无法获得地利。治兵却不懂得“九变”的方法，那么即使他懂得“五利”，也不能充分发挥军队的作用。

【原文】

是故智者之虑，必杂[1]于利害。杂于利而务[2]可信[3]也，杂于害而患可解也。

【注释】

①杂：掺杂，此处有兼顾的意思。

②务：战斗任务。

③信：通“伸”，此处指顺利发展。

【译文】

明智的将帅考虑问题时，一定要兼顾利害，并弄清两者的关系。他要做的是，在有利的情况下考虑不利的因素，这样事情就能顺利发展。同样，身处不利环境中，就要多多考虑有利的因素，这样祸患就可以排除。

【原文】

是故屈[1]诸侯者以害[2]，役[3]诸侯者以业，趋[4]诸侯者以利。

【注释】

①屈：屈服。此处指使人屈服。

②害：害怕，忌讳，厌恶。

③役：役使。

④趋：归附。

【译文】

因此，要通过诸侯害怕的事情迫使诸侯屈服；要通过展示自己的实力，让诸侯产生恐慌，从而陷入慌乱；还要懂得正确使用“利”，通过“利”诱使诸侯归附。

【原文】

故用兵之法，无恃[①]其不来，恃吾有以待也；无恃其不攻，恃吾有所不可攻也。

【注释】

①恃：依仗，寄希望于。

【译文】

所以，正确的用兵方法是：不要幻想着敌人不来，而是要依靠我方的充分准备，严阵以待，将他们打跑；也不要幻想着敌人不进攻，而是要做好准备，让自己获得敌人无法攻破的力量。

【原文】

故将有五危：必死[①]，可杀也；必生[②]，可虏也；忿速[③]，可侮也；廉洁[④]，可辱也；爱民[⑤]，可烦也。凡此五者，将之过也，用兵之灾也。覆军杀将，必以五危，不可不察也。

【注释】

①必死：有勇无谋，只知死拼。

②必生：贪生怕死。

③忿速：愤怒急躁。

④廉洁：清廉好名，过于自尊。

⑤爱民：溺爱将士。

【译文】

所以，将领有五种致命的危险，分别是：如果只知道死拼硬打，那么就可能招致杀身之祸；如果一味贪生怕死，那么就可能被敌人俘虏；如果性情暴躁易怒，那么就可能因为受到敌人的一点点轻侮而轻举妄动、陷入被动；如果一味清廉好名，过于爱好面子，就可能因为被侮辱而失去理智，从而做出轻率的举动来；如果溺爱军士，就可能导致烦扰而陷于被动。以上这五种情况，都是将领容易犯的过错，会给己方作战带来灾难。那些在战争中全军覆没，连将领也被杀的情况，一定是因为统帅有这五种致命弱点。因此，对于将领可能存在的这些毛病，一定要充分认真地考察和了解，做到有则改之无则加勉。

行军篇第九

本篇主要讲述了如何配置、组织军队，观察判断敌情和团结将士。孙武认为，行军作战必须占据便于作战和生活的有利地形，善于根据地形配置兵力，必须对敌情进行周密细致的观察，善于深谋远虑，从现象到本质，对各种症结做出正确的判断。孙武还指出，将帅只有在取得士卒的信任后，才能用教育和惩罚相结合的方法训练好士兵，率领全军去争取胜利。

【原文】

孙子曰：凡处军①相敌，绝山依谷，视生处高，战隆无登，此处山之军也。绝水必远水；客②绝水而来，勿迎之于水内，令半济而击之，利；欲战者，无附③于水而迎客；视生处高，无迎④水流，此处水上之军也。绝斥泽⑤，唯亟⑥去无留；若交军于斥泽之中，必依水草而背众树，此处斥泽之军也。平陆处易而右背高，前死后生，此处平陆之军也。凡此四军之利，黄帝之所以胜四帝也。

【注释】

①处军：行军作战中对军队的处置。

②客：古代交战时把进攻的一方称为“客”，防守的一方称为“主”。

③无附：不要靠近。

④迎：逆。

⑤斥泽：盐碱、沼泽之地。

⑥亟：急切，赶快。

【译文】

孙子说：但凡部署军队、判断敌情时，都应该注意：通过山地时一定要靠近有水草的溪谷，而且应该在居高向阳的地方驻扎军队，敌人占领高地时不要向上仰攻敌人，这是在山地战中部署军队的原则。军队横渡江河以后，应在远离湍急水流的地方驻扎。如果敌人渡河来与我军交战，不要在江河中迎击敌人，而要在敌人一部分已经渡河、一部分还未到达河岸时发起攻击，这样对我方最为有利。如果要与敌人决战，切记不要紧靠水边迎敌，要选择居高向阳的地方，不要面对着江河水流迎敌，这是在江河地带决战时部署军队的原则。通过盐碱沼泽地带时，不要停留，要快速离开；如果在盐碱沼泽地带与敌军相遇，那么一定要在靠近水草且背靠树林的地方部署军队，这是在盐碱沼泽地带部署军队的原则。在平原地带与人交战时，要选择平坦、视野开阔的地方安扎军营，最好右侧依托高地，要前低而后高，这是在平原地带部署军队的原则。以上几种部署军队的原则，就是黄帝之所以能战胜其他四帝的重要原因。

【原文】

凡军好高而恶下，贵阳①而贱阴，养生②而处实③，军无百疾，是谓必胜。丘陵堤防，必处其阳而右背之，此兵之利，地之助④也，上雨，水沫至，欲涉⑤者，待其定也。

【注释】

①贵阳：以向阳为贵。阳，在此处指向阳面。后文“阴”即指背阴面。

②养生：指据有水草之利。

③处实：指依托高地而处。

④地之助：得到地形的辅助。

⑤涉：徒步蹚水。

【译文】

一般来讲，将帅选择驻军地点时，都喜欢干燥的高地，而厌恶潮湿的洼地；都重视向阳之地，而刻意避开阴暗之地；将军队驻扎在接近水草、地势较高的地方，将士们就不容易生病，这样自然会有战胜敌人的把握。在丘陵堤坝等地方行军时，一定要占领向阳的一面，并且背靠高地驻扎，这些都是对作战有利的条件，是地形对作战的辅助。当临河决战时，遇到上游下雨、洪水突至的情况，千万不要着急，如果此时需要徒步涉水去参加战争，那么应等待水流平稳以后再过河。

【原文】

凡地有绝涧①、天井②、天牢③、天罗④、天陷⑤、天隙⑥，必亟去之，勿近也。吾远之，敌近之；吾迎之，敌背之。军行有险阻、潢井⑦葭苇、山林翳荟者，必谨复索之，此伏奸之所处也。

【注释】

①绝涧：险绝的山涧，指两山险峻，且有湍急水流流淌其间的地方。

②天井：四周高，中间低洼，形状像井的地方。

③天牢：三面绝壁，没有撤退、逃跑路线，易进难出的地方。

④天罗：林深草茂，形状像网，往来困难的地方。

⑤天陷：地势低洼，沼泽连绵，泥泞易陷的地方。

⑥天隙：地形狭窄，不易通过，有如缝隙的地方。

⑦潢井：指内涝积水，地势洼陷的地方。

【译文】

凡是遇到两山险峻且有湍急水流流淌其间的地方；四周高，中间低洼，形状像井的地方；三面绝壁，没有撤退、逃跑路线，易进难出的地方；林深草茂，形状像网，往来困难的地方；地势低洼，沼泽连绵，泥泞易陷的地方；地形狭窄，不易通过，有如缝隙的地方这几种地形，一定要迅速离开，不要接近。行军时，一定要远离这些地形，同时设法让自己的敌人靠近这类地形；最好的办法是，自己面向这些地形，而让敌人背靠着它。当在山川险阻、芦苇丛生的低洼地或草木茂盛的山林地区行军时，一定要仔细反复地搜索，切不可有丝毫大意，因为这些地方都是敌人可能埋设伏兵或隐伏奸细的地方。

【原文】

敌近而静者，恃①其险也；远而挑战者，欲人之进也；其所居易者，利②也。众树动者，来也；众草多障者，疑也；鸟起者，伏也；兽骇者，覆也。尘高而锐③者，车来也；卑而广者，徒来也；散而条达者，樵采也；少而往来者，营军也。辞卑④而益备者，进也；辞强而进驱者，退也；轻车先出居其侧者，陈也；无约而请和者，谋也；奔走而陈兵车者，期⑤也；半进半退者，诱也。杖而立者，饥也；汲⑥而先饮者，渴也；见利而不进者，劳也。鸟集者，虚也；夜呼者，恐也；军扰者，将不重也；旌旗动者，乱也；吏怒者，倦也；粟马肉食⑦，军无悬缻，不返其舍者，穷寇也；谆谆翕翕，徐与人言者，失众也；数赏⑧者，窘也；数罚⑨者，困也；先暴而后畏其众者，不精之至也；来委谢⑩者，欲休息也。

【注释】

①恃：依仗。

②易：平地。利：指地利。

③锐：尖。

④辞卑：言辞谦卑。

⑤期：按期交合作战。

⑥汲：从井里打水。

⑦粟马肉食：用粮食喂马然后宰杀战马吃肉。

⑧数赏：不断地奖赏。

⑨数罚：不断地惩罚。

⑩来委谢：敌人派使者来委婉谢罪。

【译文】

敌人离我方很近却很安静，肯定是他们已经占据了险要的地形；敌人离我们很远却不断向我们发起挑战，肯定是企图引诱我们前进，让我们进入他们的圈套；敌人已经占据了平坦的地方，那么就已经有了地利；许多树木枝叶突然摇动，说明敌人隐蔽在树林里，且正在移动；草丛中设有许多障碍物，说明敌人已经在此布下疑阵；群鸟突然受惊起飞，说明鸟群的下方有埋伏；野兽突然四处奔袭，说明有大股敌人正在疾驰奔袭我们；远处尘土飞扬且灰尘很高、很细，说明敌人正在乘战车向我们驶来；如果敌人激起的尘土高度低但面积广，说明敌人正徒步向我方行进；如果尘土四处飞扬，但散乱无章，呈细长分布，说明敌人正在砍柴；如果敌人激起的尘土少，且时起时落，说明敌人正在安营扎寨。敌人派来的使者言辞谦卑，但同时他们又在加紧战备，说明他们已经准备进攻作战了，只不过是派使者来迷惑我们；敌人派来的使者言辞强硬，同时他们的军队又做出一副随时会前进的姿态，说明他们准备撤退，强硬不过是装出来迷惑我们的；敌人的轻车率先出动并且部署在两边，说明他们正在部署作战的阵势；敌人事先与我们没有任何约定，也无往来迹象，却突然前来讲和，那其中肯定另有阴谋；敌人急速奔走而来并排列阵势，说明他们准备按期与我们作战；敌人如果半进半退，肯定是企图引诱我军。敌军将士们拄着兵器站立，一定是粮草不足，正处于饥饿状态；敌军中负责供水的士兵打水之后自己先喝，说明敌军中供水不足，将士们正处在缺水状态中；敌人见到利益却不进兵争夺，说明他们已经很疲劳了；敌人的营寨上空聚集了许多鸟雀，说明此时的敌营是一座空营；敌人阵营中夜间有人突然惊叫，说明敌军将士普遍有恐慌情绪；敌营显得纷乱、没有条理，说明敌军的将领没有威严，说明敌军法令条文贯彻并不彻底；敌人的旗帜混乱，没有秩序，说明敌军队伍极为混乱；敌军将士们特别容易发怒，说明他们普遍很疲倦；敌军用粮食喂马然后宰杀战马吃肉，之后收拾起一切炊具，不回营舍，说明他们已经陷入绝望；敌军士卒们絮絮叨叨，不停不休地低声议论，说明敌军将领不得人心；敌军将领不断地奖赏士兵，说明敌军将领已经陷入困惑，一筹莫展；敌军将领不断地处罚部下，说明敌军将领已经陷入窘境，无计可施了；敌军将领先对部下粗暴无礼，后来又因为害怕而对部下礼遇有加，说明这个将领糊涂至极，没有半点治军能力；如果敌军派来使者向我方委婉谢罪，说明敌军已经非常疲惫，有休兵息战的想法了。

【原文】

兵怒而相迎，久而不合，又不相去，必谨察之。兵非益多也，惟无武进[①]，足以并力[②]、料敌、取人而已；夫惟无虑而易敌[③]者，必擒于人。

【注释】

①武进：轻举妄动，盲目冒进。

②并力：集中兵力。

③易敌：轻视敌人。

【译文】

敌人盛怒而来，但总是不肯与我军交锋，同时又不撤退，说明其中有蹊跷，遇到这种情况一定要谨慎地观察其意图，切不可大意。用兵打仗并非兵力越多越好，最重要的是不轻敌冒进，一定要集中兵力，判明敌情，这样才能取胜于敌人。那种无深谋远虑而又轻敌、喜欢冒进的人，一定会被敌人擒获。

【原文】

卒未亲附[①]而罚之则不服，不服则难用也。卒已亲附而罚不行，则不可用也。故令之以文，齐之以武[②]，是谓必取。令素行[③]以教其民，则民服；令素不行以教其民，则民不服。令素行者，与众相得[④]也。

【注释】

①亲附：亲近依附，真心拥戴。

②令之以文，齐之以武：用奖赏来团结士卒，用惩罚来教育士卒。

③素行：平素就一贯执行。

④与众相得：与士卒相处得非常融洽。

【译文】

如果士卒还没有真心依附于将领，将领就惩罚他们，那么士卒们肯定心有不服，士卒们心怀不服就难以使用。如果士卒已经真心依附于将领，而该有的惩罚却不能执行，也是不能进行作战的。所以，最好的方式是用奖赏来团结士卒，同时用军纪军法来统一步调，让士卒们听命，这样的军队必然会取得胜利。将领们平时严格执行军令，并用公开透明的奖赏来团结士卒，士卒就会甘心服从；如果将领们平时不严格执行军令，也不用奖赏来团结士卒，士卒们就会不服，这样的军队多半要打败仗。平时能够彻底执行军令的，就能与士卒相处得非常融洽，其军心就会稳定，军队就会团结。

地形篇第十

本篇主要论述在不同地形条件下如何指挥军队的行动。孙武认为，地形是用兵的辅助条件。将帅应重视地形，善于利用有利地形，避免不利地形。在此基础上，将帅如能做到知己知彼，正确判断敌情，以夺取胜利为行动的唯一准则，并能使全军上下团结一心、服从指挥，那就能无往而不胜。

【原文】

孙子曰：地形有通①者，有挂②者，有支③者，有隘④者，有险⑤者，有远⑥者。我可以往，彼可以来，曰通；通形者，先居高阳，利粮道，以战则利。可以往，难以返，曰挂；挂形者，敌无备，出而胜之；敌若有备，出而不胜，难以返，不利。我出而不利，彼出而不利，曰支；支形者，敌虽利我，我无出也；引而去之，令敌半出而击之，利。隘形者，我先居之，必盈之以待敌；若敌先居之，盈而勿从，不盈而从之。险形者，我先居之，必居高阳以待敌；若敌先居之，引而去之，勿从也。远形者，势均难以挑战，战而不利。凡此六者，地之道⑦也，将之至任⑧，不可不察也。

【注释】

①通：通达。此处指四通八达、交通顺畅之地。

②挂：挂碍，牵阻。此处指易往难返之地。

③支：相持。意思是谁先出发都不利的地方。

④隘：出口狭窄的地方，易进难出。

⑤险：地势险要的地方。

⑥远：敌我相距较远的地方。

⑦地之道：利用地形的原则。

⑧至任：至关重要的责任。

【译文】

孙子说：地形有很多种，如“通形”“挂形”“支形”“隘形”“险形”“远形”等。那些地势开阔、交通便利，我们可以去、敌人也可以来的地方，就叫作“通形”。在“通形”地域作战，应该抢先占领开阔向阳的高地，这样有利于粮道的畅通，此时与敌人交战于我们有利。那些有一定障碍，前进容易，返回困难的地域，就叫作“挂形”。在“挂形”地域作战，如果敌人没有防备，我们突然进行袭击就能取胜；如果敌人已经有所防备，这时我们出击难以取胜，由于地形所限又难以返回，那么我们就将陷入不利境地。那些我军出击不利，敌人出击也不利的地域叫作“支形”。在“支形”地域作战，就算敌人以利引诱我军，我们也不要出击。最好的办法是率军撤离，反过来诱使敌人出兵，当他们出击一半时再回师反击，这样形势才会对我军有利。那些出口狭窄的地方叫作“隘形”，在这样的地域作战，我们应该抢先占领要塞，且一定要用重兵完全控制住隘口，然后等待敌人到来；如果敌人抢先占据了隘口，并用重兵把守，那么我们就不要进击了；如果敌人没有用重兵扼守隘口，那么我们就要迅速攻取隘口，然后展开进攻。那些地势险要的地方叫作“险形”，在这样的地域作战，如果我军抢先占领了地势，就一定要占据住开阔向阳的高地，之后部署军队等待敌人到来；如果敌人抢先占领地势，抢占了高地，那么我军就要率军主动撤离，不要与敌军交锋。两军相距较远时，称作“远形”，这时候，如果敌我双方势均力敌，那么不宜挑战，此时如果勉强求战，必然对我军不利。以上六点，是有效利用地形的原则。这是将帅们至关重要的责任，关系到军队的生死存亡，不可不认真考察研究。

【原文】

故兵有走①者，有弛②者，有陷③者，有崩④者，有乱⑤者，有北⑥者。凡此六者，非天之灾，将之过也。夫势均，以一击十，曰走。卒强吏弱，曰弛。吏强卒弱，曰陷。大吏怒而不服，遇敌怼而自战，将不知其能，曰崩。将弱不严，教道⑦不明，吏卒无常，陈兵纵横，曰乱。将不能料敌，以少合众，以弱击强，兵无选锋⑧，曰北。凡此六者，败之道也，将之至任，不可不察也。

【注释】

①走：败走。此处指战败的军队。

②弛：废弛。

③陷：陷败。

④崩：崩溃。

⑤乱：混乱。

⑥北：败北。

⑦教道：教育士卒的方法和原则。

⑧选锋：选出有出色战斗力的士卒组成先锋部队。

【译文】

一般来讲，打败仗的军队有“走”“弛”“陷”“崩”“乱”“北”六种情况。这六种情况的发生，并不是由天灾造成的，而是由将领的过失导致。在交战双方势均力敌的情况下，以一击十而导致的失败，叫作“走”。士卒骁勇善战但军官孱弱无谋而造成的失败，叫作“弛”。将领强而有谋但士兵孱弱而导致的失败叫作“陷”。副将心有怨恨而不听从主将的指挥，从而在遇到敌人的时候擅自出战，而主将又不了解他们的真正实力，因此没有加以恰当控制和指挥所造成的失败叫作“崩”。将领骄横无谋，缺乏真正的威严，且治军没有章法，导致兵士们无所适从，军队排兵布阵也很混乱而造成的失败，叫作“乱”。将领不能正确判断敌情，从而贸然以寡击众，以弱击强，而且又没有善战的先锋部队，结果造成失败的，叫作“北”。以上六种情况，都是导致战争失败的原因。在这些战败情况中，将领要负重大责任，因此，这是为将者不可不去认真考察研究的。

【原文】

夫地形者，兵之助[①]也。料敌制胜，计险厄远近，上将[②]之道也。知此而用战者必胜，不知此而用战者必败。

故战道必胜，主曰无战，必战可也；战道不胜，主曰必战，无战可也。故进不求名，退不避罪，唯人是保[3]，而利合于主，国之宝也。

【注释】

①助：辅助。

②上将：大将，主将。

③唯人是保：只求保护人民。

【译文】

地形对用兵打仗是极有帮助的。一个高明的将领，必然是能够正确判断敌情，细致考察地形险易，精准计算道路远近的人。懂得这些道理而去指挥作战的，就一定能够取得胜利；不了解这些道理就去指挥作战的，必然会导致失败。所以，如果根据良将分析有必胜把握的战争，即使国君主张不打，将帅们坚持打也是可以的；根据良将分析后，没有必胜把握的战争，即使国君主张打，将帅们不打也是可以的。所以，发动战争不是为了谋求战胜的名声，战败或者主张不战时，不回避失利的罪责，只是一心想要保全百姓，且其所求符合国君利益的将领，才是一个国家的真正财富。

【原文】

视卒如婴儿，故可与之赴深豁；视卒如爱子，故可与之俱死。厚而不能使，爱而不能令，乱而不能治，譬若骄子，不可用也。知吾卒之可以击，而不知敌之不可击，胜之半也；知敌之可击，而不知吾卒之不可以击，胜之半也；知敌之可击，知吾卒之可以击，而不知地形之不可以战，胜之半也。故知兵者，动而不迷，举而不穷。故曰：

知彼知己，胜乃不殆；知天知地，胜乃不穷。

【译文】

将领对待士卒像对待婴儿一般，极力呵护，那么士卒就会同他共患难；将领对待士卒像对待自己的儿子一样，尽心尽责，那么士卒就会跟他同生共死。如果将领对待士卒异常宽厚却不能很好地使用他们，对士卒足够溺爱却不忍心指挥他们，士卒们违法将领却不忍心或不能惩治他们，那么，他的士卒就好像是被惯坏了的孩子，是不可以用来同敌人作战的。将领只了解自己的部队能够作战，却不了解敌人准备充分而不可战胜，那么取胜的可能只有一半；将领只了解敌人可以战胜，但不了解自己的部队还不具备足够的作战能力，取胜的可能也只有一半。知道敌人是可以战胜的，同时也知道自己的部队目前战斗力极强，却不了解交战地点的地形不利于作战，取胜的可能性仍然只有一半。所以，一个懂得用兵的人，行动起来必然思路清晰，不会迷惑，他的战术繁复多变，不守成规。所以说：了解自己，也了解敌人，再去谋取胜利，就不会有危险；知道天时，也知道地利，那么胜利就会接踵而来，无所穷尽。

九地篇第十一

本篇论述了在九种不同的作战地区指挥作战的原则。孙武认为，在不同的作战地区，将帅应根据地形的不同采取不同的行动。用兵的原则在于善于发现敌人的可乘之隙，乘其不备，迅速行动，集中兵力，抢先攻占其战略要地，以压制敌军的抵抗。

【原文】

孙子曰：用兵之法，有散地[①]，有轻地[②]，有争地[③]，有交地[④]，有衢地[⑤]，有重地[⑥]，有圮地[⑦]，有围地，有死地。诸侯自战其地［者］，为散地。入人之地而不深者，为轻地。我得亦利，彼得亦利者，为争地。我可以往，彼可以来者，为交地。诸侯之地三属，先至而得天下众者，为衢地。入人之地深，背城邑多者，为重地。行山林、险阻、沮泽，凡难行之道者，为圮地。所由入者隘，所从归者迂，彼寡可以击吾之众者，为围地。疾战[⑧]则存，不疾战则亡者，为死地。是故散地则无战，轻地则无止[⑨]，争地则无攻，交地则无绝[⑩]，衢地则合交[⑪]，重地则掠，圮地则行，围地则谋，死地则战。

【注释】

①散地：在自己的领土上作战叫“散地”。

②轻地：进入敌境不深的地方叫“轻地”。

③争地：谁先占领谁就有利的必争之地叫“争地”。

④交地：道路四通八达之地叫“交地”。

⑤衢地：与多国接壤的地方叫“衢地”。

⑥重地：深入敌境较深而且背后有很多城邑的地方叫“重地”。

⑦圮地：山林、险阻、沼泽等难行之地为“圮地”。

⑧疾战：拼死作战。

⑨无止：不能保留。

⑩无绝：不要断绝联络。

⑪合交：结交邻国，搞好外交关系。

【译文】

孙子说：根据用兵的原则，交战的地方可分为散地、轻地、争地、交地、衢地、重地、圮地、围地、死地等多种。在自己的领地内作战，作战地点就称为散地。进入敌境不远处作战，战斗的地点就称为轻地。选定战场后，如果我军先占领战场就于我军有利，敌军先占领战场就于敌军有利，这种战场就是争地。我军可以前往战场，敌军也可以轻易进入战场，这种战场就是交地。如果战场位于多国交界处，谁先到了那里，谁先取得其他诸侯国的支持就容易取胜的，就叫作衢地。如果需要深入敌境纵深，要穿过敌境许多城邑才能到达的战场，就称为重地。山林、险阻、沼泽等比较难行的地方，就称为圮地。进入时道路狭隘，撤回时道路迂远，敌人以少数兵力把守，便可抗击我大部队的地方，就称为围地。我们迅速奋战便可生存，不迅速奋战就会被消灭的地方，则称为死地。所以，在散地不宜与敌交战；在轻地千万不要停留；在争地，如果敌人已经率先占据，我方便不可进攻；在衢地时，则要注意结交附近诸侯，获得他们的支持；在重地，则要注重掠取资粮，以免断了供给；在圮地，则要迅速通过；在围地，则要巧设计谋；若是身处死地，则必须殊死奋战，才有生的机会。

【原文】

所谓古之善用兵者，能使敌人前后不相及[①]，众寡不相恃[②]，贵贱不相救，上下不相收，卒离而不集，兵合而不齐。合于利而动，不合于利而止。敢问："敌众整而将来，待之若何？”曰：“先夺其所爱[③]，则听矣。”兵之情主速，乘人之不及，由不虞[④]之道，攻其所不戒也。

【注释】

①相及：互相照顾。

②相恃：互相依靠协同。

③爱：要害的，重要的，此处指敌人所喜爱的地方。

④不虞：料想不到的。

【译文】

古代那些善于用兵作战的人，常能使敌人前后不相连接，能使敌人大部队与小部队间无法相互扶持，也会让他们官与兵之间无法相互救援，上下级间无法互相统属，他们会使敌军士卒离散而不能集合于一处，即使对方集合于一处也无法统一行动。那些善于用兵的人，一旦发现当前形势符合自己的利益就会立即行动，发现不符合自己利益就会立刻终止行动。或许有人会问：“敌军众多，而且整肃合一，并且将要向我进攻了，那么我该如何对付它呢？”我的回答是：“先干掉敌人所珍爱所依恃的方面，这样，敌人就会陷入被动。”用兵的法则是以神速为第一要义，要抓住时机，打敌人一个措手不及，要从敌人料想不到的方向，攻击敌人未加防备的地点。

【原文】

凡为客[①]之道，深入则专。主人不克，掠于饶野[②]，三军足食；谨养而勿劳，并气积力；运兵[③]计谋，为不可测。投之无所往，死且不北。死焉不得[④]，士人尽力。兵士甚陷则不惧，无所往则固，深入则拘，不得已则斗。是故其兵不修而戒[⑤]，不求而得，不约而亲[⑥]，不令而信[⑦]。

禁祥去疑[⑧]，至死无所之。吾士无余财，非恶货也；无余命，非恶寿也。令发之日，士卒坐者涕沾襟，偃卧者涕交颐。投之无所往，诸、刿之勇也。

【注释】

①客：客军。意为离开本土进入别国作战的军队。

②饶野：富饶的乡村。

③运兵：部署兵力。

④死焉不得：拼死求胜，怎能不成功。

⑤不修而戒：不待整治督促就能加强戒备。

⑥不约而亲：不用约束就能亲附。

⑦不令而信：不用命令就能信守服从。

⑧禁祥去疑：禁止迷信活动，消除疑虑。

【译文】

一般来讲，进入敌国境内作战的规律是：深入敌人腹地后，士卒们心志专一、同仇敌忾，这样敌人便不能战胜我军；之后掠夺敌国比较富饶的乡野，这样三军的粮食给养就充足了；接着认真养练部队，保证士兵们不会疲劳，同时鼓舞士气，积蓄力量；然后合理部署兵力，精心设计谋略，一定要做到让敌人无法探知我方虚实、意图。最后，把士卒置于无路可走的绝境，让士卒只有向前一条路，这样他们至死也不会败退；如果士卒们死都不怕，自然人人尽力作战，且能做到以一当十。士卒们真正深陷危亡之境就会无所畏惧；士卒们无路可走时军心反而更加稳固；深入敌境的纵深之地，士卒们自然会相互依附而不敢涣散；在不得已的情况下，他们必然会拼死战斗，以获得生存机会。所以，在这种情况下，军队不用太多整治，也会加强戒备；不用太多征求，下情自然顺利上达；不用太多约束，也能相互亲和互助；不用太多申令，兵士们也能遵纪守法；这种情况下，迷信活动会自然停止，士兵也都不再疑虑，他们至死也不会逃跑。士卒们不会留多余的财物，之所以这样不是因为他们厌恶财物，而是因为只有轻装上阵才能获得更多生存机会；士卒们也会不顾生命危险，之所以这样，不是因为他们不想活命，而是因为只有不顾危险才能增加活命的机会。同时，作战命令发布的时候，士卒们坐着的会泪湿衣襟，仰卧的会泪流满面，一旦把他们置于无路可走的境地时，每个士兵就都像专诸、曹刿一般勇敢了。

【原文】

故善用兵者，譬如率然；率然者，常山①之蛇也。击其首则尾至，击其尾则首至，击其中则首尾俱至。敢问："兵可使如率然乎？"曰："可。"夫吴人与越人相恶也，当其同舟而济，遇风，其相救也如左右手。是故方马埋轮②，未足恃也；齐勇若一，政之道也；刚柔皆得，地之理也。故善用兵者，携手若使一人，不得已也。

【注释】

①常山：即"恒山"，汉朝时因为避汉文帝刘恒讳，改"恒"作"常"。

②方马埋轮：把马并列地缚在一起，把车轮埋起来。

【译文】

因此，善于用兵的人所指挥的部队就像"率然"一样。"率然"是常山的一种蛇。攻击它的头部，它的尾部就会自动弹过来救应；攻击它的尾部，它的头部同样会自动弹过来救应；当攻击它的腰部时，它的头尾便会一齐自动弹过来救应。有人或许会问："军队真的可指挥得像率然一样吗？"我的回答是："可以。"吴国人与越国人是相互仇视、彼此视为敌人的，然而，当一个吴国人和一个越国人一同乘船时，突遇大风，那么他们不仅不会视对方为仇敌，反而会相互救助、互相帮扶，就如同一个人的左右手一般。因此，那种将马绑在一起，将车轮埋起来，以防止军士们逃跑的方式，根本起不到稳定军心的作用；想要三军严整、团结勇敢如同一人，就要靠治军有方；想要让勇敢的人和怯弱的人都得以发挥其战斗力，就要学会巧妙地利用地形。那些善于用兵的人，之所以能使部队携手前进如同一个人一样，不是靠苛责兵士，而是将部队置于不得已的情况之下，当军士们都身处不得已之地，自然团结如一人了。

【原文】

将军之事，静以幽①，正以治②。能愚士卒之耳目，使之无知。易其事③，革其谋④，使人无识；易其居，迂其途，使人不得虑。帅与之期⑤，如登高而去其梯。帅与之深入诸侯之地，而发其机，焚舟破釜，若驱群羊，驱而往，驱而来，莫知所之。聚三军之众，投之于险，此谓将军之事也。九地之变⑥，屈伸之利，人情之理，不可不察。

【注释】

①静以幽：冷静而深邃。

②正以治：端庄持重，有条不紊。

③易其事：变换任务。

④革其谋：改变计谋。

⑤帅与之期：将帅与士卒如期去作战。

⑥九地之变：在九种地区作战方法的变化。

【译文】

统率军队这种事，要沉着镇定且冷静深邃，要端庄持重，有条不紊，尤其要能蒙蔽士卒的耳目，使他们无知。统帅们要做到常改变自己的行事规则，常变更自己制定的谋略，最为重要的就是让手下人猜不透自己的意图；同时，也要常变更自己驻扎的地方，行军时要常迂回绕道，使他人无法捉摸到自己的真实意图。将帅和士卒如期去作战时，要像登高后抽去梯子一样，让士卒们没有任何退路可循。将帅们带领士卒深入诸侯重地时，要尽力捕捉战机，适时发起攻势，焚舟毁桥，砸烂锅灶；此时，要像驱赶群羊一样，一会儿赶过去，一会儿赶过来，要做到没有谁明白将领到底要到哪里去。将帅聚集三军之众，然后将他们置于危险的境地，断去他们的退路，这就是领兵作战的原则。将帅一定要明白各种地形的灵活运用，要分析攻守进退的利害关系，同时也要明了士卒在不同环境中的心理变化规律；这些都是决定战争是否能够取胜的必要条件，作为将帅，不可不认真加以考察。

【原文】

凡为客之道，深则专，浅则散。去国越境而师者，绝地也；四达者，衢地也；入深者，重地也；入浅者，轻地也；背固前隘者，围地也；无所往者，死地也。是故散地，吾将一其志；轻地，吾将使之属；争地，吾将趋其后[1]；交地，吾将谨其守；衢地，吾将固其结[2]；重地，吾将继其食；圮地，吾将进其涂[3]；围地，吾将塞其阙[4]；死地，吾将示之以不活。故兵之情：围则御，不得已则斗，过则从[5]。

【注释】

①趋其后：在争取有利地形时，不可从正面攻击敌人，应该快速抄其后路。

②固其结：巩固结盟。

③进其涂：意为占据通道。涂，通“涂”。

④塞其阙：堵塞缺口。

⑤过则从：陷入困境太深就会言听计从。

【译文】

一般来讲，深入敌国作战的规律是：进入敌境越深，军心越统一；进入敌境越浅，军心越容易涣散。我们将离开本土穿越边境去敌国才能到达的战场，称为绝地；将四通八达、交通便利的战场，称为衢地；将进入敌境纵深的地方才能到达的战场，叫重地；将进入敌境不远处就可以作战的地方，称作轻地；将背靠险固前路狭窄的战场称作围地；将无路可走的地方称作死地。所以，在散地，可以很好地统一士卒们的心志。在轻地，要时刻注意使部队保持连续，不可前后分离。遇到争地，就要做到快速前进赶到敌人的后面。而在交地，就要谨慎地加强防守，以免被袭击。在衢地，就要做好外交，巩固与加强同周边诸侯国的关系。在重地，要注意的是保证军需粮饷的持续供应，不可断了供给。如果是在圮地，就要占据通道。假如是在围地，就要堵住可以逃生的缺口。若是在死地，就要向士卒们表示必死的决心，以激起他们的斗志。一般来讲，士兵们的心理变化规律是：被包围了就会合力抵御敌人，不得已时就会奋起反抗、殊死奋战，而当陷入深重危难境地后，就会坚定而乐于听从长官的指挥。

【原文】

是故不知诸侯之谋者，不能预交[①]；不知山林、险阻、沮泽之形者，不能行军；不用乡导者，不能得地利。四五者，不知一，非霸王之兵也。夫霸王之兵，伐大国，则其众不得聚；威加于敌，则其交不得合。是故不争天下之交，不养天下之权，信己之私[②]，威加于敌，则其城可拔，其国可隳[③]。施无法之赏[④]，悬无政之令[⑤]；犯三军之众，若使一人。犯之以事，勿告以言；犯之以利，勿告以害。投之亡地然后存，陷之死地然后生。夫众陷于害，然后能为胜败。故为兵之事，在于顺详敌之意，并敌一向[⑥]，千里杀将，此谓巧能成事者也。

【注释】

①预交：与诸侯结交。

②信己之私：伸张、施展自己的意志。

③隳：通“毁”，毁灭。

④施无法之赏：施行超出规定的奖赏。

⑤悬无政之令：颁发超出规定的命令。

⑥并敌一向：集中兵力朝一个方向进攻。

【译文】

因此，不清楚各诸侯国意图，不明白各个诸侯国利益所在的人，便不能参与外交，不熟悉山林、险阻、沼泽等地形及其对战原则的人，便不能领军作战；一个不用向导的人，便得不到有利的地形，无法获得地形的帮助，类似这几个方面的事，只要有一个方面不清楚，就不能算是霸王的军队。所谓霸王的军队，就是攻伐大国时，他们迅猛得使敌国甚至无法及时调动民众、集结军队与之对抗；他们兵威指向敌人，那么敌人的外交就无法成功。所以，不必争着与任何国家结交，也无须培植他国的权威，只要能伸张、施展自己的意志，然后把兵刃指向敌国，那么，敌国城池可以为我所有，其国可以为我所毁。将帅经常施行破格的奖赏，时而颁发非常的政令，做到驱使三军部队就像使唤一个人一样，整齐划一。对部队授以任务时，不说明自己意图，保持一种神秘感；下命令时，告诉他们有利的条件，却不告诉他们危险的一面。战斗时，把士卒投入危亡境地，这样士卒才会拼死奋战以求获得生存；当士卒们陷于死地之后，必然会舍命奋战以求生。只有将兵士们陷入危险境地，他们才能主动地奋力杀敌以夺取胜利。领兵作战这种事，关键在于假装顺着敌人的意图，制造我方已经被敌方牵制的假象，然后我方集中精锐兵力指向敌人一处，出其不意去进攻，哪怕奔袭千里也在所不惜，必然可斩杀敌将，这便是通常说的机智能成就大事了。

【原文】

是故政举之日[①]，夷关折符[②]，无通其使[③]，厉于廊庙之上，以诛其事[④]。敌人开阖[⑤]，必亟入之。先其所爱[⑥]，微与之期。践墨随敌，以决战事。是故始如处女，敌人开户；后如脱兔[⑦]，敌不及拒。

【注释】

①政举之日：决定战争的日子。

②夷关折符：封锁关口，废除符节。

③无通其使：禁止使节往来。

④以诛其事：决定战争大事。

⑤开阖：开门，此处指有机可乘。

⑥爱：所爱之处。此处指关键，要害。

⑦脱兔：放开的兔子。比喻行动迅速，就像逃离的兔子一样。

【译文】

所以决定实施战争以后，就应该马上封锁关口，同时废除通行凭证，同时，还要停止与敌国的使节往来，以保证信息不泄露。然后在庙堂上反复研讨磋商，制订具体的作战计划。当发现敌人出现可乘之机时，一定要马上进攻，进攻时首先要夺取敌人所最钟爱的部位，同时，不要与敌人约期决战。执行作战计划时，一定要随着敌情的变化而灵活处置，要有变化，但不是乱变，而是针对敌人的行动来变。所以，开始时要像处女一般沉静，去麻痹敌人，使敌人放松戒备；然后突然发动攻击，如同逃脱的兔子一般迅捷，使敌人来不及反应，丝毫无法抗拒。

火攻篇第十二

本篇主要阐述火攻的目标、种类，放火的物质和气象条件，以及实施方法。孙武认为，火攻只是辅助军事进攻的一种手段。所以，火攻者应利用纵火所引起的敌军的骚乱，适时发起攻击，发展并扩大战果。

【原文】

孙子曰：凡火攻有五：一曰火人①，二曰火积②，三曰火辎③，四曰火库④，五曰火队⑤。行火必有因，烟火必素具⑥。发火有时，起火有日。时者，天之燥也；日者，月在箕⑦、壁⑧、翼⑨、轸⑩也。凡此四宿者，风起之日也。

【注释】

①火人：指焚烧敌军的人马。此处“火”为动词，为焚烧之意。以下同。

②火积：焚烧敌军的粮、草。

③火辎：焚烧敌军的辎重。

④火库：焚烧敌军的武器库。

⑤火队：焚烧敌军的隧道。

⑥素具：平素就有准备。

⑦箕：二十八宿之一，为苍龙七宿的末一宿。

⑧壁：二十八宿之一，为玄武七宿的末一宿。

⑨翼：二十八宿之一，为朱鸟七宿的第六宿。

⑩轸：二十八宿之一，为朱鸟七宿的末一宿。

【译文】

孙子说：一般来讲，火攻有五种，一是焚烧敌方的人马，二是焚烧敌人的粮草，三是焚烧敌人的辎重，四是焚烧敌人的武器库，五是焚烧敌人的交通要道等设施。实施火攻是需要具备一定条件的，首先是点火器材必须平日里就准备好。当决定发动火攻时，一定要依靠天时，具体点火时要有恰当日子。所谓天时，就是指气候干燥的时期，否则火攻效果就会下降；所谓恰当的日子，就是指月亮运行到箕、壁、翼、轸四星所在位置时的日子。一般来讲，大凡月亮运行到这四个星宿的位置时，都是有风的日子。

【原文】

凡火攻，必因五火之变而应之。火发于内，则早应之于外。火发兵静者，待而勿攻，极其火力①，可从而从②之，不可从而止。火可发于外，无待于内，以时发之。火发上风，无攻下风。昼风久，夜风止。凡军必知有五火之变，以数守之③。

【注释】

①极其火力：让火尽量燃烧。

②从：跟从。此处指进攻。

③以数守之：意为等待火攻的条件。

【译文】

但凡火攻，一定要根据火攻所引起的五种情况变化采取相应的措施。若要在敌方内部放火，则应尽早派兵在外策应。当火已烧起，而敌兵仍然表现极为镇静时，就要等待、观察，不可急于进攻；待到火势最旺时，可以进攻就进攻，不可以进攻就停止。当然，火也可从外面放，此时，就不必等待内应了，只要按准确的时机放火就行。用火攻的时候一定要注意，要从上风放火，也要从上风进攻，千万不要从下风进攻（，那样效果并不好，因为火或烟会对我方造成影响）。白天风刮得久了，夜晚就会停止。但凡领导作战者，一定要熟悉这五种火攻所引起的情况变化，并根据火攻遵循的自然规律紧紧把握住火攻的时机。

【原文】

故以火佐攻者明，以水佐攻者强[①]。水可以绝[②]，不可以夺[③]。

【注释】

①强：指增强其威力。

②绝：分割，断绝。

③夺：去。此处为赶走的意思。

【译文】

用火来辅助进攻的人是高明的，以水来辅助进攻的人是强大的。水可以有效阻隔敌人，却不如火攻那样可以直接杀伤敌人，削弱敌军的实力。

【原文】

夫战胜攻取，而不修其功者凶，命曰费留[①]。故曰：明主虑[②]之，良将修[③]之，非利不动，非得不用[④]，非危不战。主不可以怒而兴师，将不可以愠[⑤]而致战。合于利而动，不合于利而止。怒可以复喜，愠可以复悦，亡国不可以复存，死者不可以复生。故明君慎之，良将警之。此安国全军[⑥]之道也。

【注释】

①命曰费留：这就叫作“白费”。

②虑：考虑。

③修：此处为研究的意思。

④非得不用：不能取胜就不用兵。

⑤愠：愤怒，恼怒。

⑥全军：保全军队。

【译文】

打了胜仗，攻取了城池，却无法凭借这些建立功业，无法依靠这些来巩固政权，那便是危险的，这叫作白费力气。所以，一个英明的君主应该很好地考虑这个问题，一个贤良的将帅则应该认真地研究这个问题。要记住，不是于国有利的就不要采取军事行动，没有必胜的把握就不要出兵，不是处于危险境地不要与敌交战。君主不可以因为一时的愤怒而发动一场战争，将领也不能因为一时的恼火而命令将士们出营作战。符合国家利益就行动，不符合国家利益的就停止行动。要知道，愤怒也可以转化为高兴，恼火也可以转化为喜悦，但一旦国家灭亡，就无法重建了，人一旦死掉，也就没法活过来了。所以，明智的君主应慎重地对待这个问题，优秀的将帅也应该警惕这个问题，这是安定国家保全军队的根本原则啊！

用间篇第十三

本篇主要论述使用间谍的重要性及其方法。孙武认为，是否了解敌情对战争的胜负具有重要影响。要先知敌情，只能求诸间谍。只有大圣大智大仁大义之人才能使用各种间谍，获得广泛的情报。

【原文】

孙子曰：凡兴师十万，出征千里，百姓之费，公家之奉[①]，日费千金；内外骚动，怠于道路，不得操事者，七十万家。相守[②]数年，以争一日之胜，而爱爵禄百金[③]，不知敌之情者，不仁[④]之至也，非人之将也，非主之佐也，非胜之主也。故明君贤将，所以动而胜人，成功出于众者，先知[⑤]也。先知者，不可取于鬼神[⑥]，不可象于事[⑦]，不可验于度[⑧]，必取于人，知敌之情者也。

【注释】

①奉：通“俸”，指国家开支。

②相守：相持。

③爱爵禄百金：吝惜爵禄钱财。

④不仁：没有仁爱之心。

⑤先知：先知先觉。

⑥取于鬼神：用祈祷、祭祀等迷信方法去求助于鬼神。

⑦象于事：筮占之事。

⑧验于度：用日月星辰运行的度数来验证吉凶祸福。

【译文】

孙子说：一般来讲，国家决定出兵十万，出征千里，那么就要消耗巨资。其中百姓的耗费加上公家的开支，每天就要耗资千金；如此，必然导致国家内外动荡，人们疲惫地奔波于道路之中，会导致七十万家的民众不能安心从事耕作，荒废了生计。所以说，相持数年仅为争夺一朝的胜利，却因为吝啬爵禄金银，不愿意花大价钱使用间谍去刺探敌情，导致自己不知道敌方的情报，从而使战争拖延更久，这样的人，难道不是天底下最没有仁爱之心的人吗？这种人，根本不配做军中的统帅，也不配当君主的辅臣，更是无法取得战争的胜利的。一个英明的君主，一个贤能的将帅，所以能动辄战胜敌人，取得一般人所无法获得的成就，就在于他们事先了解了敌情。而想要做到事先了解敌情，依靠算卦问于鬼神是不可取的，依靠以往的经验粗暴带入也是不可取的，最好的方法就是从别人的口中打探，而我们打探的对象自然是了解敌人情报的人。

【原文】

故用间有五：有因间①，有内间，有反间，有死间，有生间②。五间俱起③，莫知其道④，是谓神纪⑤，人君之宝也。乡间者，因其乡人⑥而用之。内间者，因其官人而用之。反间者，因其敌间⑦而用之。死间者，为诳事于外⑧，令吾间知之，而传于敌间也。生间者，反⑨报也。

【注释】

①因间：即下文的“乡间”。意为利用敌国的乡野之民当间谍。

②生间：到敌方刺探情况后还能生还的间谍。

③起：起用。

④莫知其道：使敌人摸不清我军的行动规律。

⑤神纪：神秘莫测之道。

⑥乡人：敌国乡间的百姓。

⑦敌间：敌方派来的间谍。

⑧诳事于外：故意向外散布虚假消息，以欺骗、迷惑敌人。

⑨反：通“返”，为返回之意。

【译文】

一般来讲，使用的间谍有以下五种，即：因间、内间、反间、死间、生间。如果五种间谍一齐使用，那么便可以让敌人对我们束手无策，怎么也猜不出我们的行动战略，这便是国君的法宝了。所谓乡间，就是利用敌国的乡下百姓为间谍，向他们打探敌国的消息，之后加以分析，总结出敌情；所谓内间，就是利用敌国朝内官员做间谍，从他们口中得知对方的情况，之后加以准备；所谓反间，就是利用敌方派来的间谍，策反他们，让他们反过来为我们效力；所谓死间，就是故意在外散布虚假消息，同时让我方间谍获取这消息并有意传给敌方的间谍；所谓生间，就是深入敌营刺探情报，并能亲自回来报告敌情的间谍。

【原文】

故三军之事，莫亲于间①，赏莫厚于间，事莫密于间，非圣智②不能用间，非仁义不能使间，非微妙③不能得间之实。微哉！微哉！无所不用间也。间事未发④而先闻者，间与所告者皆死。

【注释】

①莫亲于间：没有比间谍更值得信任的了。

②圣智：才智过人。

③微妙：精细奥妙。

④间事未发：指起用间谍的事还未实施。

【译文】

所以，三军之中，没有比间谍更值得信任的了；同时，也没有任何赏赐比统帅给予间谍的赏赐更加丰厚的；而间谍从事的，也是最为机密的任务。所以，如果不是英明睿智的人，是不能任用间谍的；没有仁义的德行的人，是不足以驱使间谍的；没有精微神妙的分析判断能力的人，是不能得到最为真实、有用的情报的。微妙啊，微妙啊，简直是没有什么地方不能应用间谍的。因此，起用间谍的事情还没开始实施便走漏了消息，那么间谍和那走漏消息的人，都要被处死。

【原文】

凡军之所欲击，城之所欲攻，人之所欲杀，必先知其守将[①]、左右[②]、谒者[③]、门者[④]、舍人[⑤]之姓名，令吾间必索[⑥]知之。必索敌人之间来间我者，因而利之，导而舍之[⑦]，故反间可得而用也。因是而知之，故乡间、内间可得而使也。因是而知之，故死间为诳事，可使告敌。因是而知之，故生间可使如期[⑧]。五间之事，主必知之，知之必在于反间，故反间不可不厚[⑨]也。

【注释】

①守将：守城之将。

②左右：守将身边的近侍之臣。

③谒者：守城的门卫。

④门者：把守城门的官吏。

⑤舍人：把守寝舍的官吏。

⑥索：求。此处有“刺探”的意思。

⑦导而舍之：引导他并且把他放回去。

⑧如期：按期返回。

⑨厚：待遇优厚。

【译文】

但凡要攻击某个敌军，要夺取某个城邑，要斩杀敌方的某个重要人员，就一定要事先了解敌方的情况。要知道对方军队的主管将帅，将帅左右亲信，传达报告的官员，守门的官吏，甚至是对方门客幕僚等人的姓名，这些条件，一定要命令我方间谍查探清楚。还有就是，一定要查出敌方派来的间谍，查获后，要以重金收买，策反他，诱导他为我所用，这样，反间就可以得到使用了。从反间那里了解到情况后，就能从敌方找到恰当人选做我们的间谍，这样乡间、内间就可得到使用了。从反间那里了解了情况后，就可以派死间去散布假情报了，并让他告诉敌人，我方已受到敌人的迷惑；由于从反间那里了解了情况，因此我方可以避开危险，这样生间就可如期回报。这样，五种间谍就都起用了，而五种间谍的情况，君主是必须掌握的，而掌握这些情况的关键在于反间。所以反间的待遇一定要特别优厚。

【原文】

昔殷之兴也，伊挚[①]在夏；周之兴也，吕牙[②]在殷。故惟明君贤将，能以上智[③]为间者，必成大功。此兵之要，三军之所恃而动也。

【注释】

①伊挚：即伊尹，本为夏桀之臣，商汤灭夏时用他为相，从而消灭了夏朝。

②吕牙：即姜子牙，俗称姜太公，曾为殷纣王之臣。周武王姬发伐纣时，用吕牙为师，打败了商纣王。

③上智：高超的智慧。

【译文】

从前，殷代兴起之际，伊挚在夏当间谍；周代兴起之时，姜子牙在殷搜集情报。所以，明君贤将，若能用极有智谋的人做间谍，就必定能成就大功。这是战争的关键，是军事行动的依靠，是获胜的保障。

附　录

孙膑兵法

无论是在真实的历史中，还是在虚幻的民间传说中，孙膑都是一个以智术取胜的人。大家当然不会忘记孙膑那次以下驷对上驷、上驷对中驷、中驷对下驷的赛马，也可能还记得孙膑与庞涓在鬼谷子门下斗法的种种故事传奇。这些传奇承载着孙膑的智慧，不过，孙膑的真正智慧结晶并不是那些故事当中的计谋，而是他所著的《孙膑兵法》。这部兵法虽然只剩下些断编残简，但仍不掩其在用兵艺术上的智慧之光。

《孙膑兵法》又称《齐孙子》，《汉书·艺文志》著录有《齐孙子》八十九篇，可惜后来失传了，以至于长期以来很多人都猜测孙武即孙膑，或者认为《孙子兵法》乃由孙武其始、孙膑其尾合作完成，总之是否定两个孙子和两部兵书的同时存在。1972年，山东临沂银雀山汉墓的竹简出土，解决了这一历史疑案，这次考古发掘不仅发现了《孙膑兵法》和残简三百六十四枚，整理出约一万一千余字，而且是《孙膑兵法》与《孙子兵法》同时出土，多年的争论怀疑，一下子就有了定论。

《孙膑兵法》由于是残简，因此许多篇目已经不能窥其全貌，但仍然能看出其不寻常之处，比之《孙子兵法》，它更讲究用兵的具体操作，细处着墨，匠心颇见。

经过整理的《孙膑兵法》，可以肯定为孙膑亲书者有十六篇，不能确定为孙膑之书的，有可能出于孙膑门生之手的约有十五篇。本书所选取的即是确为孙膑亲书的部分，这些才是孙膑真正军事智慧的体现。

这些内容，虽然只是断编残简，但读来依然让人叹服。其中所蕴含的军事智慧，即使到了今天，仍有很大的借鉴意义。

当然，今人读《孙膑兵法》更应该读的是它所蕴含的明察细微的洞见，及其不同寻常的思考角度。这些都是可以赋予一个人智慧的，即使不去打仗，只要有了这种思维，也就具有了更强的解决实际问题的能力。这就是孙膑的过人之处，他总结了很多人们所不易察觉但极为重要，而且永不过时的要点。这些要点，植根于人们的本性当中，读了之后，不仅可以强大自己，还能更加了解别人。

所谓战争之道，其实就是人类的比拼之道，而孙膑早已经将这些研究透彻了。

因此，虽然这本书已经成书千年，但依然可以让人们常读常新，这就是经典的魅力。

擒庞涓①

【原文】

昔者，梁君将攻邯郸②，使将军庞涓带甲八万至于茬丘③。齐君闻之④，使将军忌子带甲八万至……竞⑤。庞子攻卫□□□⑥，将军忌［子］……卫□□，救与……救卫是失令⑦。

田忌曰：“若不救卫，将何为？”

孙子曰："请南攻平陵[8]。平陵，其城小而县大[9]，人众甲兵盛，东阳战邑[10]，难攻也。吾将示之疑。吾攻平陵，南有宋，北有卫，当途有市丘[11]，是吾粮途绝也。吾将示之不知事。"于是徙舍而走平陵。

□□陵，忌子召孙子而问曰："事将何为？"孙子曰："都大夫孰为不识事[12]？"曰："齐城、高唐[13]。"孙子曰："请取所□□□□□□□□□□二大夫□以□□□臧□□都横卷四达环涂□横卷所□阵也[14]。环涂铍甲之所处也[15]。吾末甲劲[16]，本甲不断[17]。环涂击柀其后[18]，二大夫可杀也。"于是段齐城、高唐为两[19]，直将蚁傅平陵[20]，挟茁环涂夹击其后[21]，齐城、高唐当术而大败[22]。

将军忌子召孙子问曰："吾攻平陵不得，而亡齐城、高唐，当术而厥[23]。事将何为？"

孙子曰："请遣轻车西驰梁郊，以怒其气。分卒而从之，示之寡。"于是为之。

庞子果弃其辎重，兼趣舍而至[24]。孙子弗息而击之桂陵[25]，而擒庞涓。

故曰，孙子之所以为者尽矣。

四百六[26]。

【注释】

①擒庞涓：此篇题原书于本篇第一简的简背（下同）。擒，原文作"禽"，通"擒"。据张震泽《孙膑兵法校理》的考证，擒字有二义，一是俘获，二是制服，本篇所指的是第二义。庞涓，本篇亦称庞子，是战国中期魏国的将军。

②梁君将攻邯郸：指公元前354年魏国发兵进攻赵国的

战争。梁君，即魏惠王（前369—前319年在位）。魏国于公元前364年从安邑（今山西夏县西北）迁都大梁（今河南开封），故魏又称梁。邯郸（今河北邯郸），战国时赵国国都。

③茬丘：地名，其地未详，处于卫、赵、齐相邻的边境，约在今山东茌平一带。

④齐君：齐威王（前356—前320年在位）。

⑤忌子：田忌，齐国将军，亦即本书《陈忌问垒》中的陈忌，陈、田二字古音同。……：指竹简原文残损较多，无法确定其残损字数（下同）。竞：借为“境”。此处简文残缺，可能指的是齐、卫、赵三国相邻的边境。

⑥□□□：指竹简原文残损三个字，每个□表示残损一个字（下同）。

⑦失令：违反军令。

⑧平陵：地名，其地未详。古书中以平陵为地名者颇多，这是指魏国东部边境的一个军事重镇，约在今山东西南角或与之毗邻的河南东缘。

⑨县：指平陵管辖的范围。

⑩东阳战邑：东部军事重镇。东阳，地区名，指魏国东部地区，该地区有大小城邑四十余座。战邑，军事重镇，指平陵。

⑪市丘：地名或国名，今址不详，待考。

⑫都大夫：治理都的长官。古称大城邑为都。战国时各国多实行郡县制，但齐国仍沿用都的名称。这里的都大夫，是指那些率领自己都邑的部队跟随田忌参加此次战争的都大夫。

⑬齐城、高唐：齐国的两个都邑，此处指这两个都邑的都大夫。齐城，疑即齐都临淄，在今山东临淄。高唐，在今山东高唐与禹城之间。

⑭横卷：魏国的两个城邑。横，疑即黄邑，在今河南开封东。卷，即卷邑，在今河南原阳旧原武西北。四达，即四通八达。环涂，指环城大道。

⑮甲：指敌军。

⑯末甲：后续部队。

⑰本甲不断：主力部队不分散。

⑱柭：分散之意。

⑲段齐城、高唐为两：把齐城、高唐二大夫的部队分为两路。段，借为“断”，分开。

⑳蚁傅：指军队攻城时攀登而上。

㉑挟：本为水波连续貌，此处指魏军从环城大道连续不断地攻击齐城、高唐二部。

㉒术：道路。

㉓厥：借为“蹶”，摔倒，失败。

㉔兼趣舍：急行军，昼夜不停。

㉕桂陵：地名，在今河南长垣西北。一说在今山东菏泽东北。从作战过程看，在长垣西北较为合理。

㉖四百六：篇末所标的本篇字数（下同）。

【译文】

从前，魏惠王将要攻取赵国的都城邯郸，派将军庞涓率兵八万进至茬丘。齐威王听说后，命将军田忌率兵八万开赴［齐、卫、赵］边境。庞涓首先攻打卫国的［一些城邑］，田忌［向孙膑问道：“我们是否要救援卫国？”孙膑回答说：“现在救援卫国不是上策。”]

田忌又问道：“如果不救援卫国，那应该怎么办呢？”

孙膑说：“请挥师南下，攻打魏国的平陵。平陵的城池虽然较小，但所辖的县境很大，人口众多，兵力甚强，是魏国东阳地区的军事重镇，很难攻取。我军南攻平陵，是为了用疑兵之计迷惑敌人。我军攻打平陵，南面有宋国，北面有卫国，途中还有个市丘国，这样，我军运粮之路就被断绝了，从而给敌人造成一种错觉，以为我们不懂得用兵打仗的规律。”于是，齐军拔营而走，直趋平陵。

[快要到]平陵的时候，田忌召见孙膑问计：“应该怎样攻打平陵呢？”孙膑说：“在我军的都大夫中，有谁不懂得作战的规律呢？”田忌说：“最不会用兵的就是齐城、高唐的两个都大夫。”孙膑说：“那就请赶快派齐城、高唐二大夫，[命其各率所部分别去攻打平陵。他们要经过魏国的横、卷二邑附近，横、卷城外]都有四通八达的环城大道，恰是敌军[布]阵和集结兵力的好地方。我军的后续机动部队要保持精锐，主力部队不要分散。这样，齐城、高唐二部，[前有平陵坚城之阻，]后有来自横、卷二邑魏军沿环城大道的袭击，就必然会兵败受挫。”于是，田忌依计而行，命齐城、高唐二大夫兵分两路去直接攻打平陵。横、卷二邑的魏军果然沿环城大道连续不断地攻击齐城、高唐二部，结果齐城、高唐二部在进军途中被打得大败。

这时，将军田忌又召见孙膑问道：“我军进攻平陵没有得手，反而损失了齐城、高唐二部，他们在途中被打得大败，下一步应该怎么行动呢？”

孙膑回答说："请派遣轻快的战车迅速西进，直捣魏都大梁的城郊，以此激怒庞涓，［迫其自邯郸回救大梁。］同时要分派少量步兵跟随轻快的战车西进，以向敌人显示我军兵力单薄，［促其轻敌麻痹］。"于是，田忌按照孙膑的谋划，立即采取了新的行动。

庞涓果然［被激怒，且未把齐军放在眼里］，他丢下辎重车辆［和步兵，亲率轻锐车骑］，日夜兼程地赶去救大梁。孙膑紧紧抓住战机，把齐军主力埋伏在桂陵，给庞涓以迎头痛击，大获全胜。

因此，人们都赞扬说，孙膑用兵的神机妙算，真是到了尽善尽美的境界。

［见威王］①

【原文】

孙子见威王，曰："夫兵者，非士恒势也②。此先王之傅道也③。战胜，则所以在亡国而继绝世也④。战不胜，则所以削地而危社稷也⑤。是故兵者不可不察。然夫乐兵者亡，而利胜者辱。兵非所乐也，而胜非所利也。

"事备而后动⑥。故城小而守固者，有委也⑦；卒寡而兵强者，有义也。夫守而无委，战而无义，天下无能以固且强者。尧有天下之时⑧，诎王命而弗行者七⑨，夷有二⑩，中国四⑪，故尧伐负海之国而后北方民得不苛⑫，伐共工而后兵寝而不起⑬，施而不用。其间数年，尧身衰而治屈⑭，胥天下而传舜⑮。舜击讙收⑯，方之宗，击归⑰，方之羽；击三苗⑱，方之危；亡有户是中国⑲。有苗民存[20]，蜀为弘[21]。舜身衰而治屈，胥天下而传禹[22]。禹凿孟门而通大夏[23]，斩八林而焚九□[24]。西面而并三苗，□□……素佚而致利也[25]。战胜而强立，故天下服矣。

“昔者，神戎战斧遂[26]；黄帝战蜀禄[27]；尧伐共工；舜伐劂管[28]；汤放桀[29]；武王伐纣[30]；帝奄反[31]，故周公浅之[32]。故曰，德不若五帝[33]，而能不及三王[34]，智不若周公，曰我将欲责仁义[35]，式礼乐[36]，垂衣裳[37]，以禁争挩。此尧舜非弗欲也，不可得，故举兵绳之[38]。”

【注释】

①［见威王］：本篇原简文无篇题，现篇题是银雀山汉墓竹简整理小组所补加，所以用［　］以示区别（下同）。

②士：疑读为“恃”。意谓军事上不能倚赖固定不变的形势。

③傅：当读为“敷”，布、施之意。一说是“传”字的误写，因竹简原文用篆书写成，傅与传字形相近，抄写致误。

④在：存。

⑤社稷：国家的代称。社，土神。稷，谷神。

⑥事备：指做好战争准备。据下文，主要指政治准备的“义”和经济准备的“委”。

⑦委：委积，即物资储备。

⑧尧：传说中我国父系氏族社会后期部落联盟的领袖，陶唐氏，名放勋，史称唐尧。

⑨诎：借为“黜”，废除。

⑩夷：指古代我国东方地区的部族。

⑪中国：指中原地区。

⑫负海之国：指远方之国，即远在沿海的各部落、方国。苛：骚扰。

⑬共工：传说中唐尧的臣子，与驩兜、三苗、鲧并称为四凶，被尧流放于幽州。

⑭屈：穷尽。

⑮胥：皆，都，尽。舜：传说中我国父系氏族社会后期部落联盟的领袖，姚姓，有虞氏，名重华，史称虞舜。

⑯谨收：即驩兜，传说中的恶人，唐尧时与共工一同为非作恶，被舜放逐到崇山。

⑰归：借为“鲧（gǔn）”，古史传说中的“四凶”之一，治水无功，被舜殛之于羽山。

⑱三苗：传说中我国古代南方的部落，被舜打败，放逐到三危。后禹又继而伐之。

⑲有户是：有户是即有扈氏，上古部落名。《尚书》《史记》《逸周书》等皆载有扈氏被夏启所灭，唯敦煌所出《六韬》抄本中谓有扈氏被有虞氏所灭。户，借为“扈”。

⑳有苗：即三苗，见注⑱。

㉑弘：疑当读为“强”。此处意为唯有苗氏还比较强大。

㉒禹：本上古夏后氏部落的领袖，是鲧的儿子，因治水有功，后得继舜而任部落联盟的领袖。

㉓孟门：山名，在今陕西宜川东北、山西吉县西，绵亘于黄河两岸。相传大禹治水时，曾在此开山导河，疏通河道，从而治除了洪水横溢之患。大夏：即夏墟，在今山西汾河与浍河之间，因禹凿孟门而除水患，大夏始得通行。

㉔斩八林而焚九□：即《孟子》所谓“烈山泽而焚之”，用焚烧野林、荒草的办法驱赶野兽，垦殖农田。八、

九，凡指多处，非确指八片野林和九块草地。□，汉简整理小组注曰：“‘九’下一字不清，似是‘薮’字。”由此判断是指山泽草地。

㉕并三苗：放逐三苗。并，读为“屏”，屏除、放逐。素佚而致利也：此句上文残缺，可能指不能无所作为而获得胜利。素佚，一向安闲。致利，获得胜利。

㉖神戎：即神农氏，相传为上古三皇之一，是农业和医药的发明者。斧遂：即补遂，传说中的上古部落名。

㉗黄帝：传说中中原各族的共同祖先。姬姓，号轩辕氏、有熊氏。相传他战胜炎帝和蚩（chī）尤，得到各部落拥戴，成为部落联盟领袖。蜀禄：即涿鹿，地名，相传是黄帝击杀蚩尤的地方。

㉘管：疑为上古部落名。音、义不详，待考。

㉙汤放桀：商汤放逐夏桀。汤，商朝开国的国君。桀，夏朝最后一个国君。相传商朝灭夏之后，汤把桀放逐到南巢（今安徽巢县）。

㉚武王伐纣：周朝灭亡商朝的战争。武王，即周武王姬发，周朝的建立者。纣，即殷纣王，商朝的最后一个国君，被周军打败后自焚而死。

㉛帝奄反：即商奄叛乱。帝，“商”字之误。商奄，也单称奄，其地在今山东曲阜奄里，是商末周初的一个部落方国。反，指周灭商后，殷纣王之子武庚曾联合东方的奄、徐等国发动反周叛乱。

㉜周公浅之：即周公东征平叛。周公，周武王之弟姬旦，周初的大政治家。武王死后，其子成王年幼，由周公辅政，率兵平定了武庚、奄、徐等叛乱。浅，借为“践”或“残”，

毁、灭之意。

㉝五帝：指上古的五位帝王。五帝分别指谁历来说法不一，据《史记·五帝本纪》，指黄帝、颛顼（zhuān xū）、帝喾（kù）、尧、舜五帝。但本文此处似乎将神农氏也列为五帝之一。

㉞三王：指夏、商、周三代开国的君主，即夏禹、商汤、周文王和周武王。

㉟责：借为“积”。

㊱式：用。

㊲垂衣裳：譬喻雍容礼让，不搞争斗。

㊳绳：纠正。

【译文】

孙膑晋见齐威王，向威王陈述说：“军事上不能倚赖某种固定不变的形势，这是先代帝王传下来的道理。打了胜仗，就能保存处于危亡中的国家，延续将被毁灭的世系。打了败仗，就会丧失领土而危害国家的生存。因此，对战争问题不能不认真研究。轻率好战的人会导致亡国，一味贪求胜利的人会受挫被辱。战争不是可以轻率进行的，胜利不是可以随意贪求的。

“［开始战争之前］要首先做好充分准备，而后才能采取行动。城池虽小而防守却很坚固，是因为有充足的物资储备；兵力虽少而战斗力却很强，是因为所进行的战争是正义的。防守而无物资储备，进行战争而非正义，那么天下谁也无法使其防守坚固，战斗力强大。唐尧开始治理天下的时候，拒不执行其命令的有七个部落，其中东方地区两个，中原地区四个。因此，唐尧讨伐了东方沿海地区的部落方国之后，北方地区的人民才免受骚扰而得以安居乐业；讨伐了共工的暴乱之后，战争才暂得止息，干戈才解除而不用。又经过数年的操劳，唐尧年迈身衰再无治理天下的精力，便把治理天下的权力传给虞舜。虞舜即位后继续用兵平叛，打败欢兜，将其放逐到崇山；打败鲧，将其放逐到羽山；打败三苗，将其放逐到三危；还在中原击灭了有扈氏。但有苗氏人民仍然存在，是唯一还比较强大的力量。虞舜年迈身衰而无治理天下的精力，便把治理天下的权力传让给夏禹。夏禹首先开山治水而通大夏，焚烧林泽而垦农田，继而西向用兵，驱逐三苗……［历史经验表明，］谁也不能无所作为而获得胜利。只有用武力战胜敌人，才能使自己强大并巩固起来，进而实现天下的统一。

“从前，神农战胜补遂；黄帝战胜蚩尤于涿鹿；唐尧讨伐共工；虞舜讨伐管；商汤放逐夏桀；周武王讨伐殷纣王；商奄叛乱，周公率兵去镇压。所以说，那些功德不如五帝、才能不如三王、智略不如周公的人，还讲什么我将要以积累仁义、推崇礼乐、不用武力的办法来禁止当今的战争。这种办法尧舜并非不想用，而是这种办法很难得到。所以才使用战争手段去解决问题。”

［威王问］

【原文】

齐威王问用兵孙子，曰：“两军相当，两将相望，皆坚而固，莫敢先举[①]，为之奈何？”孙子答曰：“以轻卒尝之[②]，贱而勇者将之[③]，期于北[④]，毋期于得[⑤]。为之微阵以触其侧[6]。是谓大得。”威王曰：“用众用寡，有道乎？”孙子曰：“有。”威王曰：“我强敌弱，我众敌寡，用之奈何？”孙子再拜曰：“明王之问。夫众且强，犹问用之，则安国之道也。命之曰赞师[7]。毁卒乱行[8]，以顺其志，则必战矣。”威王曰：“敌众我寡，敌强我弱，用之奈何？”孙子曰：“命曰让威。必臧其尾，令之能归[9]。长兵在前[10]，短兵在□，为之流弩[11]，以助其急者。□□毋动，以待敌能[12]。”威王曰：“我出敌出，未知众少，用之奈何？”孙子［曰］：“命曰险成。险成，敌将为正，出为三阵，一□［□□□］能相助，可以止而止，可以行而行，毋求……”威王曰：“击穷寇奈何？”孙子［曰］：“……可以待生计矣[13]。”威王曰：“击均奈何[14]？”孙子曰：“营而离之[15]，我并卒而击之[16]，毋令敌知之。然而不离，案而止。毋击疑[17]。”威王曰：“以一击十，有道乎？”孙子曰：“有。攻其无备，出其不意[18]。”威王曰：“地平卒齐，合而北者[19]，何也？”孙子曰：“其阵无锋也。”威王曰：“令民素听[20]，奈何？”孙子曰：“素信。”威王曰：“善哉！言兵势不穷。”

田忌问孙子曰：“患兵者何也？困敌者何也？壁延不得者何也[21]？失天者何也？失地者何也？失人者何也？请问此六者有道乎？”孙子曰：“有。患兵者地也，困敌者险也。故曰，三里瀰洳将患军[22]……涉将留大甲[23]。故曰，患兵者地也，困敌者险也，壁延不得者寁寒也[24]，……奈何？”[25]孙子曰：“鼓而坐之[26]，十而揄之[27]。”田忌曰：“行阵已定，动而令士必听，奈何？”孙子曰：“严而视之利。”田忌曰：“赏罚者，兵之急者邪[28]？”孙子曰："非。夫赏者，所以喜众，令士忘死也。罚者，所以正乱，令民畏上也。可以益胜，非其急者也。"田忌曰："权、势、谋、诈，兵之急者邪？"孙子曰："非也。夫权者，所以聚众也。势者，所以令士必斗也。谋者，所以令敌无备也。诈者，所以困敌也。可以益胜，非其急者也。"田忌忿然作色："此六者皆善者所用，而子大夫曰非其急者也[29]。然则其急者何也？"孙子曰："缭适计险，必察远近，……将之道也。必攻不守[30]，兵之急者也。□……骨也。"田忌问孙子曰："张军毋战有道？"孙子曰："有。倅险增垒[31]，诤戒毋动[32]，毋可□前，毋可怒。"田忌曰："敌众且武，必战，有道乎？"孙子曰："有。埤垒广志[33]，严正辑众[34]，辟而骄之，引而劳之，攻其无备，出其不意，必以为久[35]。"田忌问孙子曰："锥行者何也？雁行者何也[36]？篡卒力士者何也[37]？劲弩趋发者何也？飘风之阵者何也？众卒者何也[38]？"孙子曰："锥行者，所以冲坚毁兑也。雁行者，所以触侧应□［也］。篡卒力士者，所以绝阵取将也[39]。劲弩趋发者，所以甘战持久也[40]。"飘风之阵者，所以回□□□［也］。众卒者，所以分功有胜也[41]。"孙子曰："明主、知道之将，不以众卒几功[42]。"孙子出而弟子问曰："威王、田忌，臣主之问何如？"孙子曰："威王问九，田忌问七[43]，几知兵矣[44]，而未达于道也。吾闻素信者昌，立义……用兵无备者伤，穷兵者亡。齐三枼其忧矣[45]。"

*****[46]

……善则敌为之备矣。孙子曰……

……孙子曰：八阵已陈……

……□孙子曰：毋待三日……

……也。孙子曰：战……

……□威王曰……

……道也。田忌……

【注释】

①先举：先采取行动。

②尝：试探。

③将：率领。

④期于北：必须失败。期，在这里是“必”的意思。北，败北。

⑤得：指获得胜利。

⑥微阵以触其侧：以隐蔽的布阵攻击敌人的侧翼。微，隐匿。触，触犯，此处指攻击。侧，侧方，这里指敌军的侧翼。

⑦命：名。赞师：孙膑所使用的军事术语，即指下文“毁卒乱行”以诱敌出战的战术。

⑧毁卒乱行：破坏部伍，混乱队列。卒，这里指古代军队组织的一种单位——百人为卒。行，指队列。

⑨必臧其尾，令之能归：意谓隐蔽好后面的部队，以便能随时撤退或转移。臧，通“藏”，隐蔽之意。尾，这里指后面的部队，即主力和后续机动部队。归，指撤退。此句是解释“让威”的，“让威”也是孙膑使用的一个军事术语，意谓先让一步，后发制人。

⑩长兵：长柄兵器，如戈、矛之类。与下文的“短兵”相对，短兵即短柄兵器，如刀、剑之类。

⑪流弩：即游弩，指机动的弩兵。弩，用机括发箭的弓，即弩机，创始于战国初期，威力甚大，射程达六百步之外。

⑫能：一说即能力，在此处意谓等待敌人把本事都使出来，以便伺机制敌；一说通“罢”，“罢”同“疲”，在此处意谓等待敌人疲惫，以便后发制人。

⑬待生计：此处简文残损，其意可能是：对走投无路的穷寇不要紧逼硬打，待其寻求生路的时候再设法消灭之；亦即《孙子兵法·军争篇第七》“穷寇勿迫”之意。

⑭击均：攻击势均力敌的敌人。

⑮营而离之：迷惑敌人，使之分散兵力。营，迷惑。离，分离。

⑯并卒：集中兵力。

⑰疑：指敌人的疑兵。

⑱攻其无备，出其不意：这是军事家的座右铭，出自《孙子兵法·计篇第一》。

⑲合：交战，如《孙子兵法·势篇第五》：“凡战者，以正合，以奇胜。”

⑳素听：一贯听从命令，即平时养成听从命令的良好习惯。素，平时，一贯。

㉑壁延：一说是辟易之音变，退避之意。一说是壁垒沟堑。壁，即城墙、壁垒。延，古称隧道为延道，这里指沟堑或护城壕等。二说相比，后者较为合理。

㉒灉洳：灉，借为“沮”；灉洳即沮洳（读作巨入），沼泽泥泞地区。

㉓大甲：一说是全副武装、铠甲坚厚的兵卒；一说是大

部队；一说是兵车上的众多甲士。以最后一说较为合理。

㉔渠寒：一说借为渠完，即渠，亦称渠答，是张在城上防矢石的设备。一说渠答即蒺藜，用木或金属制成的带刺障碍物，布在地面以阻碍敌军前进，因与蒺藜果实形似，故名蒺藜。一说渠寒应作渠塞，指沟渠隘塞。最后一说似可信。

㉕此处下引号与前一上引号无关，这是简文残损造成的。根据文义判断，……前应是孙膑的话，……后则是田忌的话。

㉖鼓而坐之：此句因上文残缺，不知田忌所问内容，故很难理解。一说“坐”借为“挫”，即击鼓进兵，挫败敌军。一说坐为坐阵，《尉缭子 · 兵令上》说“有立阵，有坐阵，……立阵所以行也，坐阵所以止也”。此处是用奇的一种方法，击鼓本是进军，但反而令士兵停止行动，借以迷惑敌人。《尉缭子 · 勒卒令》中也有类似说法：“鼓之则进，重鼓则击。金之则止，重金则退。铃传令也。旗麾之左则左，麾之右则右。奇兵则反是。”以上二说皆通。

㉗十而揄之：用多种办法引诱敌人。揄（yú），牵引，挥动。此句也因上文残缺，田忌所问不明，难以准确理解。

㉘急者：最紧要的事情。

㉙子大夫：对孙膑的敬称。

㉚必攻不守：坚决打击敌人的空虚而要害之处。必，一定，定然。不守，没有防守或防守薄弱之处。此句与《孙子兵法 · 虚实篇第六》“攻而必取者，攻其所不守也”意同。

㉛险：据守险隘。

㉜诤（zhèng）戒毋动：按兵不动，加强戒备。诤，按《说文》，“止也”，即静止不动之意。

㉝埤垒广志：增强壁垒，广思谋略。埤，增多、加厚的意思。广志，此句指将领之志，即广泛地思考谋略，以破强敌。

㉞严正辑众：严明军令，整饬部队，团结士卒。正，借为“整”，整饬之意。辑，和睦、团结之意。

㉟久：持久。

㊱锥行、雁行：皆阵名。锥行阵，指前尖如锥的阵形。雁行阵，指横列展开的阵形。

㊲篡卒：选卒，即经过选拔出来的善战的士卒。篡，借为“选”。

㊳众卒：一般士卒。

㊴绝阵：冲破敌阵。

㊵甘战：激战。

㊶分功有（yòu）胜：配合行动，增加胜利。分功，分担任务，配合行动。有，增加的意思。

㊷几：这里作指望讲。

㊸威王问九，田忌问七：指前面齐威王提出的“两军相当……”“我强敌弱……”“敌众我寡……”“我出敌出……”“击穷寇”“击均”“以一击十”“地平卒齐……”“令民素听”九个问题和田忌所问的“患兵者何也……”“……奈何”“行阵已定……”“兵之急者”“张军毋战”“敌众且武必战”“锥行者何也……”七个问题。

㊹几：这里是差不多、接近的意思。

㊺齐三枼其忧矣：枼，借为“世”。此名说，田齐政权在威王、宣王时国势最强，“诸侯东面朝齐”，有称霸中原的地位，至齐湣王逐渐衰落，公元前284年六国联合伐齐，

齐被燕将乐毅所破，几乎灭亡，自此一蹶不振。自威王至湣王，恰为三世。由此可知，本篇非孙膑与威王、田忌问答当时的记录，而是孙膑弟子在齐湣王时所整理、辑录；否则，孙膑绝不会在数十年前就预见到“齐三世其忧矣”。忧矣，是感叹齐国衰落，担心的意思，并不表明辑录本篇时已经发生乐毅伐齐的事件。

㊻*****：表示后面的残简内容无法确定在本篇中的位置，也无法完全确定是否属于本篇（下同）。

【译文】

齐威王问孙膑用兵之道，威王说：“敌我两军相当，双方的将领互相对峙，彼此阵势都很坚固，谁也不敢先采取行动，这时应该怎么办呢？”孙膑答道：“可以先用少量的轻兵去试探敌阵，派地位低下而又勇敢的人率领，命令其必须失败，不能得胜。把主力部队隐蔽地列成阵势，猛烈地袭击敌军的侧翼。这样，就可以取得重大胜利。”威王说：“使用较多的兵力或使用较少的兵力，在作战指挥上分别有什么不同的规律吗？”孙膑答道：“有。”威王问：“那么我强敌弱，我众敌寡，应该怎样指挥呢？”孙膑向威王拜了两次，然后回答说：“只有圣明的君主才会这样提出问题。既然军队众多而又强大，还要问怎样指挥，这是确保国家安全的根本之道啊！在这种情况下，指挥作战的方法叫‘赞师’。即故意使我军的阵势混乱，队形不整，以迎合敌人的心意，敌人以为我方战斗力较弱，必然会出兵和我方决战。”威王问：“敌众我寡，敌强我弱，应该怎样指挥呢？”孙膑答道：“在这种情况下，指挥作战的方法叫‘让威’。即必须隐蔽好后面的主力部队和机动部队，使他们能够随时撤退或转移。而前沿部队中，要把使用长柄武器的战士放在前头，将使用短柄武器的战士放在［侧后］，并配置一部分机动的弩兵，以便应付紧急情况。［后面的］主力部队不能轻易行动，一定要等敌军疲惫了再发起反击。”威王问：“那么我军已经出战，敌军也已经出战，不知道兵力谁多谁少，应该怎样指挥呢？”孙膑答道：“在这种情况下，指挥作战的方法叫‘险成’。险成，就是当敌人以正兵出击时，我军列为三阵而出，一［部在前，二部在后，彼此］能互相策应，需要停止时则停止，需要转移时则转移，切不要［贪胜］。”威王问：“攻击走投无路的穷寇应该怎么办呢？”孙膑答道：“……不要过于逼迫，等敌人寻求生路的时候再设法消灭它。”威王问：“攻击势均力敌的敌军怎么办呢？”孙膑答道：“要首先设法迷惑敌人，使其分散兵力，然后我军集中兵力分别消灭它。这样做必须十分诡秘，一定不能让敌人察觉到我军的意图。如果敌人不分散兵力，我军就按兵不动，千万不要去攻击敌人故意放出来的疑兵或诱兵。”威王问：“以一击十有什么规律吗？”孙膑答道：“有。这就要‘攻其无备，出其不意’。”威王问：“地形平敞，部伍严整，打起来却失败了，是什么原因呢？”孙膑答道：“这是因为布阵时没有精选出冲锋陷阵的突击分队。”威王问：“要使士卒能够一贯听从命令，应该怎么办呢？”孙膑答道：“这就要求将领能够做到一贯严守信用。”威王高兴地说：“真好啊！你讲的用兵之道，确实奥妙无穷。”

田忌又向孙膑问道：“妨碍军队行动的是什么？怎

样才能陷敌于困境？壁垒沟堑不能攻克的原因是什么？不得天时的原因是什么？不得地利的原因是什么？不得人心的原因是什么？请问处理这六个问题有什么规律吗？”孙膑说：“有。妨碍军队行动的是地形于我不利，陷敌于困境要靠险阻要隘。所以说，周围有三里沼泽泥泞地带，就将给军队的行动带来巨大妨碍，……要通过沼泽泥泞地段或涉渡江河，就必须将众多的战车和带甲兵士留下。因此说，妨碍军队行动的是地形不利，陷敌于困境的是险阻要隘，壁垒沟堑不能攻克的原因是沟渠隘塞，……”田忌问：“……怎么办？”孙膑说：“可以在击鼓时反而坐阵待敌，同时用各种办法引诱、调动敌人。”田忌问：“作战的部署已经确定，怎样才能在行动时使士卒都能听从命令？”孙膑说：“既要严明军纪，又要讲清利害关系。”田忌问：“赏罚严明，是不是用兵最紧要的事情呢？”孙膑说：“不是。奖赏，是为了鼓舞士气，使士卒舍生忘死地战斗。惩罚，是为了整饬军纪，使士卒服从上级的指挥。这些都有助于取得作战胜利，但不是用兵作战的关键。”田忌问：“权力、形势、计谋、诡诈，是不是用兵最要紧的事情呢？”孙膑说：“也不是。掌握权力，是为了调集和指挥军队。示形造势，是为了使士卒勇敢作战。运用计谋，是为了使敌人放松戒备。施展诡诈，是为了迷惑敌人。这些都有助于取得作战胜利，但也不是行军作战中的关键。”田忌气愤地变了脸色说：“奖赏、惩罚、权力、形势、计谋、诡诈，这六个方面都是善于用兵的人所必不可少的，而您却说不是用兵的关键。那么，什么才是用兵的关键呢？”孙膑说：“分析敌人的情况，研究地形的险易，必须察明道路的远近，……这是将帅的重大责任。坚决打击敌人空虚而要害之处，这就是用兵最紧要的问题。……骨也。”田忌向孙膑问道：“假如我把军队开赴前线而又不与敌交战，那应该怎么办，有具体的办法可行吗？”孙膑说：“有。据守险隘，增强壁垒，按兵不动，注意戒备，不被敌人挑动，不被敌人激怒。”田忌问：“敌军既众多又凶猛，我方非与它交战不可，这时有什么好的应对办法吗？”孙膑说：“有。增强壁垒，广思谋略，严明军令，整饬部队，团结士卒。避敌锐气使其骄傲，引诱敌人调动使其疲惫。然后攻其无备，出其不意。想要达到这种效果，必须做持久的准备才行，准备越充分越容易成功。”田忌问：“锥行阵的用处是什么？雁行阵的用处是什么？精选出来的有力士卒怎么用？驰驱善射的弩兵怎么用？飘风之阵怎么用？一般士卒怎么用？”孙膑说：“锥行之阵，是用来冲破敌人坚固阵地，摧毁敌人精锐部队的。雁行之阵，是用来维持袭击敌人侧翼，应付……的。精选出来的有力士卒，是用来突破敌阵、擒杀敌将的。驰驱善射的弩兵，是用来激烈持久战斗的。飘风之阵，是用来……的。一般士卒，是用来配合行动、增加胜利的。”孙膑说：“明智的君主和通晓用兵规律的将帅，是不指望用一般士卒建树主要战功的。”

孙膑从威王、田忌处出来后，弟子们问他：“威王和田忌君臣二人，他们所提出来的问题怎么样？”孙膑说：“威王问了九个问题，田忌问了七个问题。从他们所提出的问题看，几乎懂得怎样用兵了，但还没有完全掌握用兵的根本规律。我听说，一贯严守信用，国家就会昌盛；注重伸张正义，［国家才会强大］。……进行战争没有充分的准备，必然会受到伤害。穷兵黩武，则最后必然灭亡。［他们对此缺乏足够的重视］，从现在起到第三代，齐国的命运大概会令人忧虑。”

陈忌问垒[①]

【原文】

田忌问孙子曰：“吾卒少不相见，处此若何？”曰：“传令趣弩舒弓[②]，弩□□□□□……不禁，为之奈何？”孙子曰：“明将之问也。此者人之所过而不急也[③]。此□之所以疾……志也[④]。”田忌曰：“可得闻乎？”曰：“可。用此者，所以应卒窘处隘塞死地之中也[⑤]。是吾所以取庞□而禽泰子申也[⑥]。”田忌曰：“善。事已往而刑不见。”孙子曰：“疾利者[⑦]，所以当沟池也[⑧]。车者，所以当垒［也］。□□［者］，所以当堞也[⑨]。发者[⑩]，所以当俾堄也[⑪]。长兵次之，所以救其隋也[⑫]。从次之者[⑬]，所以为长兵□也[⑭]。短兵次之者，所以难其归而徼其衰也[⑮]。弩次之者，所以当投机也[⑯]。中央无人，故盈之以□……[⑰]卒已定，乃具其法[⑱]。制曰[⑲]：以弩次疾利，然后以其法射之[⑳]。垒上弩戟分[㉑]。法曰：见使枼来言而动[㉒]□……□去守五里置候[㉓]，令相见也。高则方之[㉔]，下则员之[㉕]。夜则举鼓，昼则举旗。”

*****

……田忌问孙子曰：“子言晋邦之将荀息、孙轸之于兵也[㉖]，未……[㉗]

……无以军恐不守。”忌子曰：“善。”田忌问孙子曰：“子言晋邦之将荀息、孙［轸］……

……轸为晋要秦于殽，溃秦军，获三帅□……

……强晋，终秦缪公之身，秦不敢与……

……也，劲将之阵也。”孙子曰：“士卒……

……田忌曰：“善。独行之将也。……

……言而后中。”田忌请问……

……兵情奈何。孙子……

……请问兵伤□……

……见弗取。”田忌服，问孙……

……□橐□□□焉。”孙子曰：“兵之□……

……□应之。”孙子曰：“伍□……

……□孙子曰：“□……

……□见之。”孙子……

……以也。”孙……

……□孙子……

……□明之吴越，言之于齐。曰知孙氏之道者，必合于天地。孙氏者㉘……

……求其道，国故长久。”孙子……

……田忌请问知道奈何。孙子……

……而先知胜不胜之谓知道。□战而知其所……

……所以知敌，所以曰智，故兵无……

【注释】

①垒：壁垒、堡垒，本指军营四周所筑的堡寨，本文中泛指部队在野战情况下的阵地设施和兵力、兵器的配置等。

②趣（cù）弩舒弓：意谓让弩机手和弓箭手都做好战斗

准备。趣，快、疾，这里指尽快准备好弩机。舒，伸，展，这里指排列好弓箭手。

③过：过去，此处意谓忽略过去。急：紧要，此处意谓不重视。

④此处简文约残缺五个字，从下文孙膑所谈内容看，可能是指要迅速部署阵地和鼓舞斗志。

⑤应卒：即应猝，应付突然情况。窘处：困难的境地。窘，借为“窘”。隘塞：狭隘的险地。死地：不利的地形。

⑥取庞□而禽泰子申：庞字后所缺应是“涓”字或“子”字。禽泰子申，即擒太子申，太子申即魏惠王的长子魏申。此处取庞涓、擒太子申，可能指桂陵之战和马陵之战，也可能单指马陵之战。桂陵之战的情况见本书《擒庞涓》篇。马陵之战发生于公元前341年，田忌、孙膑率兵救韩攻魏，孙膑用减灶诱敌之法，在马陵（今河南范县西南）设伏，大败魏军，庞涓自杀，太子申被俘。

⑦疾利：借为“蒺藜”（下同），用木或金属制成的有刺障碍物，布在地上以阻碍敌人行进，因其形状与蒺藜的果实相似，故名蒺藜。

⑧沟池：沟堑和护城河。

⑨堞（dié）：城上的矮墙，亦称女墙，是守城人用以遮护身体的。此处前半句简文残缺两个字，不能确知为何物，很可能是指地面上的天然障碍物。

⑩发：借为“伐”，即盾。

⑪俾：借为“埤”，指城墙上有孔的矮墙，借以掩护身体和观察敌情。

⑫隋：借为“隳（huī）”，毁坏，这里是危急的意思。

⑬从（cōng）：小矛，即短柄的矛，介于长柄兵器和短柄兵器之间。

⑭□：此字残缺，可能是“助”字，是长兵的辅助。

⑮徼其衰：阻击疲惫的敌人。徼，通“邀”，截击的意思。衰，即指疲惫。

⑯投机：抛石机。

⑰此处简文残缺，恰值一简之末，与下简文字不相连接，无法判断其内容和意义。

⑱具其法：确定具体的打法。具，备办，引申为确定、制定。

⑲制：规定。

⑳以其法射之：指按上面既定的打法，在规定的距离和时机内，发矢射敌。

㉑弩戟分：弩兵和戟兵各占一半。分，半。

㉒枼：借为“谍”，此处指间谍。

㉓去守五里置候：在离部队驻地五里远的地方设置哨兵。候，伺望，瞭望，亦称“斥候”。

㉔方：指地。《淮南子·本经》说“戴圆履方”，圆即指天，方即指地。本文在此处的意思是，如果哨所设在高处，要注意向低处地面观察敌情。

㉕员：通“圆”，指天。意谓哨所设在低下之处，要注意向高处观察敌情。

㉖晋邦：指春秋时晋国。荀息：春秋时晋国的名将。公元前658年，荀息向晋献公献计“假道于虞以伐虢”，灭虢、虞二国。孙轸：春秋时晋国的名将，即先轸，亦称原轸，在公元前632年的城濮之战中统率晋国的中军，

大败楚军。在公元前627年的崤之战中，先轸以“一日纵敌，数世之患”的道理说服晋襄公伐秦，取得全歼秦军的胜利。

㉗自此以下共二十二段残简，字体与本篇简文相似，但有些内容明显不属于本篇，由于残缺过甚，不能单独成篇，姑附于此。

㉘这里是孙膑的弟子把孙武、孙膑的军事理论作为一家学说所作的评价。明之吴越，是指孙武曾为吴王阖闾的将军，其军事理论在吴、越两国有重大影响。言之于齐，是指孙膑曾任齐威王的军师，其军事理论在桂陵之战和马陵之战等实践中取得重大胜利。由于兼包两个孙子而加评述，所以称他们的学说为“孙氏之道”。

【译文】

田忌问孙膑：“我军兵力少，［在野战的情况下］不时与敌人遭遇，应该怎样［部署阵地］呢？”孙膑说：“只有明智的将军才会提出这个问题。这是一般人容易忽略过去而不重视的问题。处理这个问题的关键是，［迅速地利用部队的武器装备结合地形情况恰当措置，并要注意鼓舞和激励士兵的斗志］。”田忌问：“能具体地讲给我听听吗？”孙膑说：“可以。这种方法是用来应付突然处于困境、险阻、死地之中的紧急情况的，我们战胜庞涓、俘虏太子申就是用的这种办法。”田忌说：“好啊！这件事已经过去多年，当时布阵设垒的情景现在看不见了。”孙膑说：“［在临时野战的情况下，］蒺藜可以当作沟堑和护城河来用。战车可以当作城墙、壁垒来用。［地面上的天然障碍物］可以当作城上的矮墙来用。大盾牌可以当作城上有孔的矮墙来用。依次配置戈、矛等长柄兵器，是用来救援危急之处的。配置稍短的兵器，是用来辅助长柄兵器的。配置刀、剑等短柄兵器，是用来断敌归路、阻击疲惫之敌的。配置弩兵，可以用来当作抛石机。战场的中央要空起来，以便……兵力部署完成后，便确定好具体的打法。向士兵明确规定：把弓弩配置在蒺藜的后面，然后在规定的距离和时机内发矢射敌。阵地前沿，弩和戟要各占一半。兵法上说：要等见到派出去的间谍回来，报告了敌人的确实情况，然后才能采取行动，……要在离部队驻地五里远的地方设置观察哨，使之能及时发现敌情。观察哨在高处，要注意向低处地面观察；观察哨在低处，要注意向高处观察。夜间，要用击鼓的方法报警；白天，要举旗传递信号。”

选卒

【原文】

孙子曰：兵之胜在于篡卒①，其勇在于制②，其巧在于势③，其利在于信④，其德在于道⑤，其富在于亟归⑥，其强在于休民⑦，其伤在于数战⑧。孙子曰：德行者，兵之厚积也⑨。信者，兵［之］明赏也⑩。恶战者⑪，兵之王器也⑫。取众者⑬，胜□□□也⑭。孙子曰：恒胜有五⑮：得主专制⑯，胜。知道，胜。得众，胜。左右和，胜。糧敌计险，胜。孙子曰：恒不胜有五：御将⑰，不胜。不知道，不胜。乖将⑱，不胜。不用间，不胜。不得众，不胜。孙子曰：胜在尽□⑲，明赏，撰卒，乘敌之□⑳。是

胃泰武之葆[21]。孙子曰：不得主弗将也……

*****

……□□令[22]，一曰信，二曰忠，三曰敢。安忠[23]？忠王。安信？信赏。安敢？敢去不善。不忠于王，不敢用其兵。不信于赏，百姓弗德。不敢去不善，百姓弗畏[24]。

二百卅五。

【注释】

①篡卒：即选卒，指经过挑选的精兵。篡，借为“选”。

②制：节制，这里指严密的组织指挥。

③巧：机巧，指巧妙的作战指挥。势，态势，这里指善于创造有利的战场态势。

④利：锐，指军队的战斗力强。信：诚实，不欺，这里指言而有信，即篇末所附残简说的“信赏”。

⑤德：指军队的政治素质。道：治理，如《论语·学而》“道千乘之国”的道，在这里是指对军队的管理教育。

⑥富：指军队的物资供应充裕。亟归：指速战速决，早日结束战争。亟（jí），急，急速。

⑦休民：使百姓得到休养生息。

⑧数（shuò）战：频繁地作战。

⑨厚积：丰富的储备，这里指政治素质是军队建设的深厚基础。

⑩明赏：严明的奖赏。

⑪恶（wù）战：不好战。

⑫王器：王者之器。这里指不好战是君主用兵的手段。

⑬取众：意谓取得士兵的拥护。

⑭胜□□□也：此处简文有三个字残损不清，张震泽《孙膑兵法校理》认为是“胜之胜者也”，可供参考。

⑮恒胜：经常打胜仗。

⑯专制：独立指挥，临机决断，不受制约。

⑰御将：与专制相反，将在外无独立指挥、临机决断之权，受君主的遥控。

⑱乖将：将帅之间不和。乖，离异。

⑲□：此字残缺无考，张震泽先生据本篇所附残简推测，可能是“忠”字。

⑳□：此字残损不清，据张震泽先生辨识，可能是“弊”字。

㉑泰武：大武，意谓军队强大。泰，同“太”，大的意思。武，武事，泛指军事或军队。葆：同“宝”。

㉒此以下所附简文，与他篇不同，非残断无法连缀，而基本完整，仅开头略缺数字，与本篇正文可能紧密相连。

㉓安：疑问代词，相当于现代汉语的“哪里”。

㉔畏：敬服。如《论语·子罕》“后生可畏”之畏。

【译文】

孙膑说：以经过挑选的精兵组成的军队，获胜的可能就更大。部队组织严密，战士们作战时往往更加勇敢。懂得创造有利的态势，就能够让军队更加机动、巧妙，可以使用更多的战法。纪律严明、赏罚有信，军心便会统一，部队的战斗力也就更强。对军士们管理教育有方，部队的政治素质就会更好。作战时采取快速进攻、及时回归的方法，就能够较少损耗战略物资，达到军队物资供应充足的效果。懂得劳逸结合，能够使百姓得到休养生息，那么部队就会更加强盛。如果不断进行战争，让军队没有休息的时候，军队的战斗力就会削弱。孙膑说：有良好的政治素质，是军队建设的深厚基础。言而有信，是军队最严明的奖赏。不好战，是君主用兵的手段。能取得士兵的拥护，是胜利的根本保证。孙膑说，经常打胜仗有五个条件：将领受到君主的绝对信任，拥有独立指挥权的，能胜利。将领懂得用兵之道的，能胜利。将领得到士兵拥护的，能胜利。将帅之间同心协力的，能胜利。将领善于分析判断敌情和熟悉地形险易情况的，能胜利。孙膑说，军队经常受挫折的因素也有五个：将领无独立指挥权，需要受君主遥控的，不能胜利。将领不懂得用兵之道的，不能胜利。将帅之间不和的，不能胜利。不会使用间谍的，不能胜利。将领得不到士兵拥护的，不能胜利。孙膑说：胜利的取得在于将领能够忠于国家，奖赏严明，有精选出的优秀士卒，善于乘敌之弊，懂得捕捉战机。这是使军队强大的法宝。孙膑说：得不到君主的信任，是不能率兵任将的，……

*****

……［做将领的，］一要信，二要忠，三要敢。忠于谁？要忠于君主。信什么？要信赏明罚。敢什么？要敢于纠正各种错误行为。不忠于君主，就不敢统率他的军队。不信赏明罚，百姓就不会感恩戴德。不敢纠正各种错误行为，百姓就不会敬服。

月战[1]

【原文】

孙子曰：间于天地之间[2]，莫贵于人。战□□□不单[3]。天时、地利、人和，三者不得，虽胜有央。是以必付与而□战[4]，不得已而后战[5]。故抚时而战[6]，不复使其众[7]。无方而战者小胜以付磿者也[8]。孙子曰：十战而六胜，以星也[9]。十战而七胜，以日者也[10]。十战而八胜，以月者也[11]。十战而九胜，月有……［十战］而十胜，将善而生过者也[12]，一单……

*****

……所不胜者也五[13]，五者有所壹，不胜。故战之道，有多杀人而不得将卒者[14]，有得将卒而不得舍者[15]，有得舍而不得将军者，有复军杀将者。故得其道，则虽欲生不可得也[16]。

八十。

【注释】

①月战：本篇篇名，意谓战争与天时的关系。月，表示天时，包括日、月、星、辰、阴阳、四时等各种天象、天时的变化情况。由于古人迷信，认为月主阴，象征刑杀，因此用兵宜在月盛之时。这是本篇篇名的起因，但篇中更为强调的是人的作用。

②间于：介于。

③本句残缺三字，句意可能是指，得不到人民的支持就不能进行战争。单，借为“战”。

④付与：因依结合。付，同“附”，因、依之意。与，相与相助的意思。这里指天时、地利、人和三者要互相因依结合地加以利用。

⑤不得已而后战：意谓使自己处于不得不应战的局面，以利政治上的主动（人和）或争取天时、地利方面的有利条件。

⑥抚时而战：遵循天时而作战，是古代较为流行的一种迷信观念。

⑦不复使其众：意谓一战而胜，不反复用兵。《孙子兵法·作战篇第三》所说“善用兵者，役不再籍，粮不三载”，即是此意。

⑧无方：无附，指没有获得天时、地利、人和等三个方面条件相辅助。方，借为“旁”；旁，通“傍”，依、附的意思。付：借助于历数。付，通“附”。磿：今简化作“历”，指天时方面的历数。

⑨星：指星辰变化所带来的有利战机。

⑩日：指太阳变化所带来的有利战机。

⑪月：指月亮变化所带来的有利战机。

⑫过：超越，意谓“十战而十胜”是“人和”中将领善战的作用超过了“天时”的作用。

⑬此处所附残简，从内容看并非本篇文字，篇末所标数字亦然，很可能是独立的一篇；因前面残损了篇题及部分正文（约十八字），无从确考。由于简文的字体与《月战》相近，故被附于《月战》一篇之末。

⑭得：意谓俘获。将卒：这里指下级或低级军官。

⑮舍：营舍。

⑯此句指敌军而言，即敌欲生而不可能。

【译文】

孙膑说：在天地之间，没有比人更宝贵的了。想要发动战争必须得到人民的支持，如果得不到人民的支持，那就不能进行战争。天时、地利、人和，这三个条件如果不完全具备，即使取得了胜利也会有严重后果。因此，必须把天时、地利、人和这三个条件互相结合起来应用于战争，使自己处于不得不战的有利局面。所以，能够遵循天时而作战的，就可以一战而胜，不需要反复用兵。没有获得天时、地利、人和全部有利条件的，有时也会取得一些较小的胜利，那是因为得到天时中历数的帮助。孙膑说：十次作战而六次胜利，是因为得到星辰变化的有利战机。十次作战而七次胜利，是因为得到太阳变化的有利战机。十次作战而八次胜利，是因为得到月亮变化的有利战机。十次作战而九次胜利，是因为得到月亮［的有利条件更加充分］。十次作战而十次胜利，是因为将军善战，超过了天时的作用而取得的。……

*****

……不能获得全胜的情况有五种，五种情况出现任意一种，都不算是全胜。作战中经常出现的情形是：有的虽然能杀伤敌人很多士兵却不能俘获敌人的下级军官；有的能俘获敌人的下级军官却不能袭占敌人的营舍；有的能袭占敌人的营舍却不能俘获敌军的将领；有的既能歼灭敌人全军又能击杀敌军的将领。因此，只要掌握了全胜之道，敌人想要生存是不可能的。

八阵[1]

【原文】

孙子曰：智不足，将兵[2]，自恃也[3]。勇不足，将兵，自广也[4]。不知道，数战不足[5]，将兵，幸也[6]。夫安万乘国[7]，广万乘王，全万乘之民命者，唯知道。知道者，上知天之道[8]，下知地之理，内得其民之心，外知敌之情，阵则知八阵之经[9]，见胜而战，弗见而诤[10]，此王者之将也。

孙子曰：用八阵战者，因地之利，用八阵之宜。用阵参分[11]，诲阵有锋[12]，诲锋有后[13]，皆待令而动。斗一[14]，守二[15]。以一侵敌，以二收。敌弱以乱[16]，先其选卒以乘之[17]。敌强以治[18]，先其下卒以诱之[19]。车骑与战者[20]，分以为三，一在于右，一在于左，一在于后。易则多其车[21]，险则多其骑，厄则多其弩[22]。险易必知生地、死地[23]，居生击死。

二百一十四。八阵。

【注释】

①八阵：古代阵法的通称，不是固定指八种不同的阵法。八阵本是一个完整的方阵，即大将居于中央，四面各有一队正兵，即四阵；四队正兵之间共有四块“闲地”，可以由四队正兵分别派出奇兵加以机动或占领，这样四阵就变成了八阵。因此说“数起于五”（指大将和四队正兵），“散而成八，复而为一”。这就是八阵的基本含义。阵，指阵法，即军队交战时的战斗队形。

②将兵：率领军队作战。

③自恃：这里指盲目自负。

④自广：这里指盲目自大。

⑤数战不足：没有经过多次战争实践，作战经验不足。

⑥幸：指希图侥幸取胜。

⑦万乘国：指可以出兵车万乘的大国。

⑧天之道：即天文，指阴阳、四时、日月星辰等天象变化对战争的影响和关系。

⑨经：规则，要领。

⑩诤：止。

⑪用阵参分：参，通“三”，全句指布阵时把兵力分为三部。

⑫诲：借为“每”。锋，指前锋部队。

⑬后：指后续接应部队。

⑭斗一：用三分之一的部队与敌交战，即下文的“以一侵敌”。

⑮守二：用三分之二的部队伺机而动，即下文的“以二收”。

⑯以：而。下文“敌强以治”的“以”字用法与此相同。

⑰其：指自己一方。选卒：精锐部队。乘：凌犯，进击。

⑱治：严整，这里指严阵以待。

⑲下卒：战斗力弱的士兵，这里指自己一方战斗力弱的部队。

⑳与：参与，即参加作战。

㉑易：指地形平坦。

㉒厄（è）：指两边高峻中间狭窄的地形。

㉓生地：指有利的地形。死地：指不利的地形。

【译文】

孙膑说：智谋不足的人带兵打仗，是盲目自负。勇气不足的人带兵打仗，是盲目自大。不懂得用兵规律而又缺乏实战经验的人带兵打仗，是希图侥幸。凡是要巩固万乘大国的政权，扩大万乘大国的统治，保护万乘大国的人民生命安全的统帅，必须懂得用兵的根本之道。懂得用兵的根本之道，就是要上知天文，下知地理，内得民心，外知敌情，布阵时懂得八阵的要领，有胜利的把握就打，没有胜利的把握就不打。这样的统帅，才真正是能够帮助国君安邦定国的良将。

孙膑说：运用八阵与敌交战，必须根据地形的有利条件，采取适宜的阵法。布阵时兵力要分为三部分。每一种布阵都要有前锋部队，每一支前锋部队都要有后续部队做应援，前锋和后续部队都要待命而动。作战时，用三分之一的兵力直接交锋，用三分之二的兵力做机动部队。用三分之一的兵力去主力突破敌阵，用三分之二的兵力去聚歼敌军。如果敌军战斗力弱而且阵势混乱，那就先用精锐部队去攻击它。如果敌军战斗力强而且阵势严整，那就先用战斗力弱的部队引诱它。有车兵和骑兵参加作战时，也要分为三部分，一部分部署在右翼，一部分部署在左翼，一部分部署在后面。地形平坦时要多用车兵，地形险要时要多用骑兵，地形隘塞时要多用弩兵。无论地形平易或险隘，都要搞清楚哪里是有利的生地，哪里是不利的死地，继而占据有利的生地，击敌于不利的死地。

地葆[1]

【原文】

孙子曰：凡地之道，阳为表[2]，阴为里[3]，直者为纲[4]，术者为纪[5]。纪纲则得，阵乃不惑。直者毛产[6]，术者半死[7]。凡战地也，日其精也[8]，八风将来[9]，必勿忘也。绝水、迎陵、逆流、居杀地、迎众树者[10]，钧举也[11]，五者皆不胜。南阵之山[12]，生山也[13]。东阵之山，死山也。东注之水，生水也。北注之水，死水。不流，死水也。五地之胜曰：山胜陵[14]，陵胜阜[15]，阜胜陈丘[16]，陈丘胜林平地[17]。五草之胜曰：藩、棘、椐、茅、莎[18]。五壤之胜：青胜黄，黄胜黑，黑胜赤，赤胜白，白胜青[19]。五地之败曰：谿、川、泽、斥[20]。五地之杀曰[21]：天井、天宛、天离、天隙、天柖[22]。五墓[23]，杀地也，勿居也，勿□也[24]。春毋降[25]，秋毋登[26]。军与阵皆毋政前右[27]，右周毋左周[28]。

地葆二百。

【注释】

①地葆：本篇篇名，即地利。葆，通“宝”。

②阳：指高亢明敞的地形。表：本义是上衣，引申为显露在外边、高处之意。《仪礼·乡射礼》注：“以左手在弓表。”弓表即弓背，就是弓的突出的脊背。本文也取此义，意谓高亢明敞的地形是大地的脊背。

③阴为里：与“阳为表”相反，意谓低洼幽暗的地形是大地的内腹。

④直：指平正的地形。纲：本义是网上的大绳，引申为纲领、纲要，这里指平正的地形是大地最重要的部分。

⑤术：借为“屈”，与直相反，指起伏错杂的地形。纪：与纲相反，指起伏错杂的地形是大地的次要部分。

⑥毛产：指大地上所生长的草木等各类植物。《谷梁传·定公元年》注：“凡地之所生谓之毛。”本文的意思是，平正之地百草百谷较多，易供军队人马之食用。

⑦半死：与“毛产”相反，意谓起伏错杂之地百草百谷较少，军队人马之食用容易困乏。

⑧日其精也：意谓阳光是非常重要的。精，精要，宝贵。

⑨八风：八方之风。《吕氏春秋·有始》说：“何谓八风？东北曰炎风，东方曰滔风，东南曰熏风，南方曰巨风，西南曰凄风，西方曰风，西北曰厉风，北方曰寒风。”《吴子·治兵》说：“将战之际，审候风所从来，风顺致呼而从之，风逆坚阵以待之。”可见风与作战行动有很大关系，所以本文产“八风将来，必勿忘也”。

⑩绝水：渡水。迎陵：面向高陵。逆流，与敌人相比，处于河流的下游。杀地：极为不利的地形。迎众树：面向树林。

⑪钧举：势均力敌的行动。钧，同“均”，意谓敌对双方的力量相当。举，行动，这里指两军对敌。一说举是离去的意思，即遇到上述地形军队要离开，亦通，可供参考。

⑫南阵之山：指位于阵地北面的山，即布阵于山之南。一说阵读为陈（竹简原文作陈，在先秦书中阵与陈为同一字），陈列的意思，即指东西走向的山，亦通，可供参考。

⑬生山：意思是，南阵之山对作战极为有利。

⑭陵：大土山。胜：优越。因为山比陵高，便于发挥部队的冲击力，所以说“山胜陵”。

⑮阜：土山。比陵低，所以说“陵胜阜”。

⑯陈丘：小土山。比阜低，所以说“阜胜陈丘”。

⑰林平地：即平川之地。

⑱藩：这里指草木茂盛能掩蔽部队的地形。棘：有刺草木的通称。这里指荆棘丛生的地形。椐：本义是灵寿木，多肿节，古人常用来做手仗。《墨子·备城门》有治椐法，即以椐做篱笆之意。这里指草木类似篱笆的地形。茅：草名，即白茅，其叶如矛，故谓之茅，高四五尺。这里指野草较高的地形。莎：草名，即香附子，高约一尺余。这里指野草较低的地形。

⑲这里的“五壤之胜”与五行相胜关系密切，青、黄、黑、赤、白，即相当于木、土、水、火、金，具有迷信色彩。

⑳谿：指山间有流水的地形。川：指河流较多的地形。泽：指沼泽地。斥：指盐碱地。这里列举了四种地形，比句首所说的“五地”少一种，可能是原简脱漏一字，似为“谷”字，即谷地。

㉑五地之杀：指在以下五种杀地上有覆军杀将的危险。

㉒天井：指四边高中间低的地形。天宛：即《孙子兵法·行军篇第九》所说的“天牢”，指三面环山易进难出的地形。天离：即《孙子兵法·行军篇第九》所说的“天罗”（离、罗二字古代音近通用），指草木茂密如罗网的地形。天隙：指高山之间的狭长地带。天柖：即《孙子兵法·行军

篇第九》所说的“天陷”（银雀山汉墓出土的《孙子兵法》“天陷”作“天柖”，与“天陷”同义），指地势低洼道路泥泞的地形。

㉓五墓：指上述天井、天宛、天离、天隙、天柖等五种地形。意谓部队陷入这些地形非常危险，像走进坟墓一样。

㉔□：此处简文残损一字，模糊不清，两边略存残画，似为“进”字或“停”字。

㉕春毋降：意谓春（包括夏在内，举春以代之）季以后，草木繁茂，雨水较多，不要离开高处到低处去驻军安营。

㉖秋毋登：意谓秋（含冬）季以后，草木枯落，高处水少，不要离开低处到高处去驻军安营。

㉗毋政前右：意谓驻军或布阵，不要使山陵高地位于自己的右前方。政，读为“正”，正面、相迎的意思。古人多认为驻军和布阵要“右背高，前死后生”（《孙子兵法·行军篇第九》），所以这里说不要被山陵高地挡在自己右前方。

㉘右周毋左周：意谓驻军或布阵，右后方要有山陵高地环绕，左前方不要被山地高陵环绕。周，周匝环绕。

【译文】

孙膑说：地形方面的一般道理是，高亢明敞的地方是它的脊背，低洼幽暗的地方是它的内腹，平正的地方是其最重要的部分，起伏错杂的地方是其次要的部分。主要部分和次要部分都掌握好，布阵作战就不会迷惑。平正之地生长百谷百草，［易供人马食用；］起伏错杂的地方百谷百草较少，［容易缺少人马食用的粮草。］作战地区，日照条件很重要，而且一定要严密观察风向，这些都是作战所必需的。作战中常遇到以下五种情况：渡水作战，面向高陵作战，与敌相比处于河流的下游作战，处于极为不利的“杀地”与敌作战，面对森林与敌作战，在这五种情况当中，如果我方兵力与敌方相当，那么就容易失败。位于阵地北面的山，是有利的生山。位于阵地西面的山，是不利的死山。向东流的河水，是有利的生水。向北流的河水，是不利的死水。不流动的水，也是不利的死水。作战时常会遇到五种地形，它们的优劣比较是：［战斗时，］山地胜过高陵地，高陵地胜过土山地，土山地胜过小丘陵地，小丘陵地胜过平川地。作战时也常会遇到五种草地，它们从优到劣依次是：草木茂盛能掩蔽部队行动的草地，荆棘丛生能妨碍部队行动的草地，草木粗壮类似篱笆能阻止部队一定行动的草地，野草较高能影响部队一定行动的草地，野草较低对部队行动影响不大的草地。作战时也常会遇到五种颜色的土壤，它们的优劣比较是：青色土壤胜过黄色土壤，黄色土壤胜过黑色土壤，黑色土壤胜过红色土壤，红色土壤胜过白色土壤，白色土壤胜过青色土壤。有五种可招致失败的地形，它们是：山涧、河川、沼泽、盐碱地和［狭谷地］。有五种可招致覆军杀将的地形，它们是：四边高中间低的“天井”，三面环山易进难出的“天宛”，草木茂密的“天离”，处于两山之间狭窄而深长的“天隙”，地势低洼道路泥泞的“天招”。这五种地形叫“五墓”，是极为不利的“杀地”，部队不能在这五种地形上驻扎或停留。春夏不要从高处到低处去驻军安营，秋冬不要从低处到高处去驻军安营。驻军或布阵，不要使山陵高地位于自己的右前方，右后方要有山陵高地环绕，左前方不要被山陵高地环绕。

势备[1]

【原文】

孙子曰：夫陷齿戴角[2]，前爪后距[3]，喜而合，怒而斗，天之道也[4]，不可止也。故无天兵者自为备[5]，圣人之事也[6]。黄帝作剑[7]，以阵象之[8]。羿作弓弩[9]，以势象之[10]。禹作舟车，以变象之[11]。汤、武作长兵，以权象之[12]。凡此四者，兵之用也。何以知剑之为阵也？旦莫服之[13]，未必用也。故曰，阵而不战[14]，剑之为阵也。剑无锋，唯孟贲［之勇］不敢□□□[15]。阵无锋，非孟贲之勇也敢将而进者，不知兵之至也。剑无首铤[16]，唯巧士不能进□□[17]。阵无后，非巧士敢将而进者，不知兵之情者[18]。故有锋有后，相信不动，敌人必走。无锋无后，……□券不道[19]。何以知弓弩之为势也？发于肩膺之间[20]，杀人百步之外，不识其所道至[21]。故曰，弓弩势也。何以［知舟车］之为变也？高则……何以知长兵之［为］权也？击非高下非……□卢毁肩[22]，故曰，长兵权也。凡此四……所循以成道也。知其道者，兵有功，主有名。□用而不知其道者，［兵］无功。凡兵之道四：曰阵，曰势，曰变，曰权。察此四者，所以破强敌，取猛将也。……势者，攻无备，出不意……中之近……也，视之近，中之远。权者，昼多旗，夜多鼓，所以送战也[23]。凡此四者，兵之用也。□皆以为用[24]，而莫彻其道[25]。

*****

……得四者生，失四者死……

【注释】

①势备：本篇篇题，意谓克敌制胜，必须具有完备的有利态势。

②陷齿戴角：指长有锋利牙齿和坚硬头角的动物。陷，借为“含”，陷与含古音同。

③前爪后距：指前面长有锐利的爪，后面长有强劲的距的禽兽。距，后距，指雄鸡或雉等爪后突出像脚趾的部分，即鸡的附足骨，斗架时可强有力地击刺对方。

④天之道：天然的道理，即自然现象。

⑤天兵：指自然赋予动物的齿、角、爪、距等，可以作为自卫或进攻的武器。自为备：指人类没有上述的自然“天兵”，因而要自己动手制造，以作为自卫或攻击的武器。

⑥圣人之事：意谓人类学会制造武器是古代圣人教会的。这一思想不符合唯物史观，不论生产工具或战斗武器，都是劳动人民和知识分子发明创造的，兵器首先是从劳动工具演化而来的，不能把这些仅仅归功于“圣人”。

⑦黄帝作剑：传说剑是由黄帝发明的。作，创造，发明。以下“羿作弓弩”“禹作舟车”“汤、武作长兵”等，也都出自传说，并非历史真实。

⑧以阵象之：用剑比喻军阵。象，比喻，象征。

⑨羿（yì）：人名，也叫后羿，相传是夏代有穷国（即有穷氏部落）的君主，弓箭的发明者，极为善射，曾夺得夏的政权，后为其部下所杀。弓弩：这里指古代的弓矢，弩是“弓有臂者”。

⑩势：在本篇中特指杀敌之险势，所以用弓弩来比喻。与《威王问》一篇的“势”有所不同，后者指造成有利之势“令士必斗”。

⑪变：机变，在本篇特指灵活的适应性，所以用舟车来比喻。

⑫权：主动权。意谓掌握着有利的杀敌手段，可以自如地击杀敌人，所以用长兵来比喻。与《威王问》中的“权者，所以聚众也”（指军权）有所不同。

⑬服：佩带。服、佩古音同。

⑭阵而不战：列阵演练而不真正交战。阵，这里指训练战术，常备不懈。

⑮孟贲（bēn）：战国时勇士，能生拔牛角。□□□：此处有三个字残损不清，据下文判断，可能是“将而进”三字。

⑯首铤（tǐng）：剑的把柄。

⑰□□：此处残缺二字，据上文，是不敢进犯、不敢挑战的意思。

⑱情：指实质，与上文“不知用兵之至也”的“至”同义。

⑲此处简文残缺数字，文意不甚明了，可能是说，布阵没有前锋和后卫，阵势就会混乱，失去约束而不能整治。券：有相互约束的意思。道：管理，引申为整治。

⑳肩膺：肩膀和前胸。膺，胸部。

㉑道：由。意谓不知从何而来。

㉒此处简文残缺约二十字，中间的文义无从判断。开始的意思可能是说，使用长柄兵器很便利，不用改变身体和四

肢的位置，就可以在较远的距离上下左右自如地击刺敌人。末尾的意思可能是说，长柄兵器可以在较远的距离击刺敌人的头颅和肩胸。卢：有的释为额，亦通，可供参考。

㉓送战：指挥战斗。送，将，有率领、指挥等义。一说送是致的意思，送战即致战，亦通，可供参考。

㉔□：此处残损一字，残画依稀可辨，似为“民”字。

㉕彻：通达，明白。

【译文】

孙膑说：凡是长有锐齿、坚角、利爪、遒劲有力的后距的禽兽，通常都是欢喜时聚合在一起，发怒时就互相争斗，这是自然现象，是不可制止的。人类没有锐齿、坚角、利爪之类的天然武器，所以要自己制造武器来保护自己，这是古代贤人教会的。黄帝制作宝剑，我们可以用宝剑比喻军阵。后羿制作弓弩，我们可以用弓弩比喻兵势。夏禹制作舟车，我们可以用舟车比喻军队的机变。商汤和周武王制作长柄兵器，我们可以用长柄兵器比喻作战指挥的主动权。以上阵、势、变、权四个方面，都是军事上极其重要而不可缺少的。为什么说可以用宝剑比喻军阵呢？宝剑是不分早晚都要佩带在身上的，但不一定时刻都用它。军阵也是这样，战术要经常演练，但不一定天天交兵打仗，而是要常备不懈。所以用宝剑比喻军阵。宝剑如果没有锋刃，即使像孟贲那样勇猛，也不敢用它去杀敌。军阵如果没有精锐的前锋，就好比没有孟贲那样的勇气，此时如果还硬要向敌人发动进攻，就说明这个指挥者是不懂用兵之道的。宝剑如果没有把柄，即使再有技巧的人也无法拿它来击刺敌人。军阵如果没有后卫，便不是巧士，如果还硬要向敌人攻击，这个指挥者也是不懂得用兵实质的。所以，军阵既要有前锋，又要有后卫，互相配合，这样阵势才能稳定，也只有这样才能战胜敌人。如果军阵既无前锋又无后卫，［阵势就会混乱，失去相互间的约束和应援，因而不能整治而坚强。］为什么说可以用弓弩比喻兵势呢？箭镞从肩膀和胸处射出，却可以在百步之外杀伤敌人，而敌人还不知道箭是从哪里射来的。所以说，弓弩好比兵势。为什么说可以用舟车比喻军队的机变呢？……为什么说可以用长柄兵器比喻作战指挥的主动权呢？［因为长柄兵器使用起来很便利，不用改换身体的位置，就可以在较远的距离上上下下左右自如地击刺，……可以击刺敌人的头颅和肩胸，］所以说长柄兵器好比是作战指挥的主动权。凡此四者，……是必须遵循而加以掌握的战争规律。懂得战争的规律，军队作战就会胜利成功，国君的声名也会远扬。指挥作战而不懂得战争的规律，军队就不能打胜仗。作战指挥的原则共有四个，这就是军阵、兵势、机变和主动权。深入了解和掌握好这四个原则，就能够击破强大的敌军，擒俘勇猛的敌将。所谓兵势，就是要攻其无备，出其不意……看着似乎很近，击中它却在很远的地方。使用权谋的人，白天多用旌旗，夜间多用金鼓，以此来指挥战斗。上述四个方面，都是军事上极其重要而不可缺少的。人们都很注意应用这四个方面的原则，但很少有人能明白其真正的含义。

兵情[①]

【原文】

孙子曰：若欲知兵之情，弩矢其法也。矢，卒也。弩，将也。发者[②]，主也[③]。矢，金在前[④]，羽在后[⑤]，故犀而善走[⑥]。前［重而］后轻，故正而听人。今治卒则后重而前轻[⑦]，阵之则辨[⑧]，趣之敌则不听人[⑨]，治卒不法矢也。弩者，将也。弩张柄不正[⑩]，偏强偏弱而不和[⑪]，其两洋之送矢也不壹[⑫]，矢虽轻重得[⑬]，前后适[⑭]，犹不中［招也］[⑮]……将之用心不和……得，犹不胜敌也[⑯]。矢轻重得，前［后］适，而弩张正，其送矢壹，发者非也，犹不中招也。卒轻重得，前后适，而将唯于……兵□□□□□□□……犹不胜敌也[⑰]。故曰，弩之中彀合于四[⑱]，兵有功……将也，卒也，□也[⑲]。故曰，兵胜敌也，不异于弩之中招也。此兵之道也。

【注释】

①兵情：银雀山汉墓竹简整理小组所加篇题。兵，在本篇特指治军。情，情理，即指治军之道。

②发者：射箭人。

③主：指国君。

④金：这里指用金属制作的箭头。

⑤羽：这里指箭尾的翎。

⑥犀：犀利，即强劲有力。走：本义是奔跑，这里指箭的飞行。

⑦治卒：这里指布阵时兵力的分配。后重而前轻：指前

面兵力少，后面兵力多。

⑧阵之则辨：指操练阵法时能搞得很好。阵，这里特指平时训练阵法，即作战时杀敌列阵之法。辨，借为“办”，意谓能够办得到，搞得好，即训练时很像样子。

⑨趣之敌：促使它（指按后重而前轻的方法列阵的士兵）与敌交战。趣，同“促”。

⑩柄：指弩臂。

⑪和：和谐，协调。

⑫洋：读为翔。因弩弓横置时，形似鸟舒两翼、人张两臂，所以这里把弩的两翼叫两洋。一说洋读为厢，古无厢字，借洋为厢，两洋即两厢、两边，亦通。送矢：指弩的两翼对箭的推动力。不壹：不一致，不相同。

⑬轻重得：做到了后轻前重，即“金在前，羽在后”。得，得到，实现。

⑭前后适：指箭的前重后轻都很适宜，不过轻或过重。

⑮招：箭靶。

⑯此处上文两处残缺，残缺字数较多，全句的意思可能是：如果将帅不齐心协力，虽然士卒的条件很好，也不能克敌制胜。

⑰此处简文残缺较多，大意是：虽然士卒和将帅的条件都很好，如果国君的指挥或决策不对，也是不能克敌制胜的。

⑱彀（gòu）：箭靶。四：指前面所讲的矢前后轻重得、弩柄正、两洋送矢壹、发者是。以此来比喻士卒、将帅、国君都合乎要求，上下协调一致。

⑲此句缺文较多，大意可能是：军队要获得克制敌胜的战功，必须像用弩射箭一样，在于国君、将帅、士卒的同心

协力。

【译文】

孙膑说：如果想要了解治军、用兵的道理，可以效法用弩射箭的规律。箭好比是士卒，弩好比是将帅，发射人好比是国君。箭的构造为，金属制成的箭头在前面，羽毛制成的箭翎在后面，所以射出去以后强劲有力且速度飞快。由于前重后轻，故射向准确且符合射手的预期。现在治军却相反，不是前重后轻，而是后重前轻。这样的做法，用来布阵操练是能搞得很好的，如果用于实战中，要士兵们依次勇往直前地冲锋陷阵，恐怕就不行了，那时，士兵们难以听从上级的指挥。这是治军时没有效法箭的缘故。弩，好比是将帅。弩张开后如果弩臂不正，就会有一侧偏强一侧偏弱，从而不协调，它的两翼对箭的推动力就不一致，这样，虽然箭的前重后轻都很适宜得当，也还是射不中箭靶。同样，如果将帅不同心协力，［尽管士卒的条件很好，前重后轻也布置得正确，］也还是不能克敌制胜。箭的前重后轻都适宜得当，弩臂也张得端正，两翼对箭的推动力也一致，但发射人指的方向有偏差，结果也还是射不中目标。所以，士卒即使前重后轻部署得当，［将帅也协调一致，如果国君的指挥或决策不正确，］也还是不能克敌制胜的。箭能中靶，在于箭的构造正确、弩的臂平正、两翼推动箭的力量一致、发射方向准确，这四个方面都合乎要求。军队要取得克敌制胜的战功，也必须像用弩射箭一样，在于国君、将帅、士卒都合乎要求，上下同心协力。所以说，军队战胜敌人的道理，和弩箭射中目标的道理是一样的。这就是治军、用兵之道。

行选[1]

【原文】

孙子曰：用兵移民之道[2]，权衡[3]也。权衡，所以篡贤取良也。阴阳[4]，所以聚众合敌也[5]。正衡再纍既忠[6]，是谓不穷。称乡县衡[7]，虽其宜也[8]。私公之财壹也[9]，夫民有不足于寿而有余于货者[10]，有不足于货而有余于寿者[11]，唯明王、圣人知之，故能留之[12]。死者不毒[13]，夺者不愠[14]。此无穷……□□□□民皆尽力[15]，近者弗则，远者无能[16]。货多则辨[17]，辨则民不德其上[18]。货少则□[19]，□则天下以为尊。然则为民赇也[20]，吾所以为赇也[21]，此兵之久也[22]。用兵之国之葆也。

【注释】

①行选：本篇篇题，意谓择优而取。行，施行。选，即选贤取良的意思。

②用兵：这里指治理军队。移民：使人民和士兵归附、顺从。移，归附、顺从的意思。民，百姓与士兵皆称民。

③权衡：即秤。权，秤锤。衡，秤杆。此处引申为标准，意谓“用兵移民”“篡贤取良”必须有一个公平的标准。

④阴阳：中国古代哲学中的一对范畴，既有对立统一的辩证思想，又有一些迷信观念。在军事上，中国古代兵家把阴阳作为一种理论，即《汉书·艺文志》所说：“阴阳者，顺时而发，推刑德，随斗击，因五胜（五行相胜），假鬼神而为助者也。”

⑤聚众：组织军队，集结兵力。合敌：同敌人交战。

⑥正衡再纍既忠：意谓选取人才要反复斟酌，至公至平，不偏不倚。衡，指天平。纍，指砝码。既忠，借为“既中”，指天平的指针在正中。

⑦称乡县衡：意谓公正地量功授赏。称乡，即称量功赏。乡，借为“飨”，本义是用酒食款待人，引申为犒赏。县衡，即悬平天平。县，本字为悬。

⑧虽：借为“唯”。

⑨私公之财壹也：意谓不分贵贱，对人才一视同仁。私，指大夫以下的私属，即地位较低的人。公，指侯、王以上大官，即地位高的人。财，借为“材”，即人才；财物之财，在本篇及本书都称为货。

⑩不足于寿而有余于货者：指富有而贪生的人。不足，即不满足。寿，指寿命。

⑪不足于货而有余于寿者：指因贫穷而不怕死的人，亦即贪财而轻生者。

⑫留之：留下来在部队服役。即按上述公正地量功授赏、一视同仁的办法并根据人们贪生和轻生的不同特点，使其乐于留在军中作战杀敌。

⑬死者不毒：战死的人没有怨恨。毒，痛恨。

⑭夺者不愠：丢掉官职的人没有抱怨。夺，指贬官。愠，抱怨、气愤。此句意谓，只要标准公正，一视同仁，就能做到死者无恨，贬者无怨。

⑮此处简文残缺十余字，其意可能是，按上述原则去做，人才的出现是无穷的，上下都会拥护，士兵都会尽力效命。

⑯近者弗则，远者无能：亲近之人不敢为非作歹，疏远之人也不敢松懈怠慢。则，通“贼”。能，读为态，借为“怠”。

⑰辨：这里是分别离异之意，意谓士兵（民）的钱财多了，对上就容易产生离异之心。

⑱德：同心同德。此句意为，士兵的钱财多了，对上容易产生离异之心，就不会同心同德。但孙膑在此处的意思，不是主张民贫兵穷，而是说要公正地论功行赏，不能普遍地、一味地用钱财去收买军心。

⑲□：此处残损一字，尚保留右侧“阝”，似为乡，借为“向”，与上文“辨”字相对，意为与上（君主或将帅）同心同德。

⑳赇：酬谢，指对贤良、有功之人，要用物资奖赏来酬谢。

㉑吾所以为赇也：与上文相连，意谓上级用物资奖赏来酬谢下级，下级用勇敢作战来酬谢上级。

㉒久：即前面所说的“留之”。《孟子·公孙丑》说“可以久则久”，即可以留则留的意思。本文此处意谓：上下互为赇，所以士兵们能留下来，使部队稳定而巩固。

【译文】

孙膑说：治理好军队，使人民和士兵能够归附、顺从自己也是有规律可循的，亦是有标准可守的。就像秤和天平一样，有一个公正客观的标准。有了公正客观的标准，才能够更好地选取人才。要按阴阳五行的道理，组织军队、集结兵力、与敌作战。选取人才要像用天平称物一样反复斟酌，至公至平，不偏不倚，这样，人才的涌现，就是无穷无尽的。论功行赏，也必须公正无私，要选取最为适宜的方式选拔人才。不论地位和身份高低贵贱，对人才的选取都要一视同仁。民众的特点是，有的人富有但贪生怕死，有的人贫穷却不吝惜生命。唯有聪明的国君和智能极高的人才懂得这个道理，并善于运用这个道理使人们乐于留在军队服役。这样，为战斗而牺牲的人不会怨恨自己的上级，因作战不利而丢掉官职的人也不会产生不满情绪。按照上述原则去办，人才便是无穷无尽的……广大士兵都会竭力效命，与长官亲近的人不敢为非作歹，与长官疏远的人也不敢松懈怠慢。如果一味地对士兵实行厚赏，不论功过如何，那么，士兵的钱财多了，反而容易产生离异之心，对上级不感恩戴德。［如果不一味实施厚赏，而是论功行赏，那么，］士兵的钱财就不会普遍增多，［对奖赏就会很珍重，］与上级也会同心同德。这样，上级用物资奖赏来酬谢下级，下级用勇敢作战来酬谢上级，上下互为酬谢，军队就能稳定巩固。这样做，是国家用兵打仗的一个重要法宝。

杀士[1]

【原文】

孙子曰：明爵禄而……

……士死。明赏罚□……

……士死。立□……

……必审而行之，士死。……

……死。挢而下之，士死。……

……之，士死。□而传……

……勉之驩，或死州□……

……之亲，或死赍墓……

……之谒，或死饮食……

……□处之安，或死疾疢之间，或死……

【注释】

①杀士：本篇篇题，可能是指如何鼓励士兵英勇作战，不怕牺牲。由于简文严重残损，无法判读，故对其内容不再注释和翻译。

延气[①]

【原文】

孙子曰：合军聚众[②]，［务在激气］[③]。复徙合军[④]，务在治兵利气[⑤]。临境近敌，务在厉气[⑥]。战日有期[⑦]，务在断气[⑧]。今日将战，务在延气。……以威三军之士，所以激气也[⑨]。将军令……其令，所以利气也[⑩]。将军乃……短衣絜裘[⑪]，以劝士志[⑫]，所以厉气也。将军令，令军人人为三日粮，国人家为[⑬]……望，国使毋来，军使毋往，所以断气也[⑭]。将军召将卫人者而告之曰[⑮]：饮食毋……［所］以延气……也[⑯]。

延气。

*****

……营也。以易营之，众而贵武[⑰]，敌必败。气不利则拙[⑱]，拙则不及[⑲]，不及则失利，失利……[⑳]

……气不厉则摄[㉑]，摄则众□[㉒]，众……

……气不断则迴，［迴］则不槫易散[㉓]，临难易散必败。……

……□□气不□则惰，惰则难使，难使则不可以合旨……

……则不知为已之节[24]，不知为已之节则事……

……□而弗救，身死家残。将军召使而勉之，击……

【注释】

①延气：本篇篇题，意谓长久地鼓舞士气。

②合军聚众：集合民众，编组军队。

③务在激气：一定要激发士气。激气，这里特指战争动员。

④复徙：连续行军。徙，指拔营迁移。

⑤治兵利气：整治武器装备，振作部队士气。兵，兵器，这里泛指武器装备。利气，这里指长途行军疲劳，集结部队时要注意振作锐利之气。

⑥厉气：即励气，意谓临近敌境时，要注意鼓励士卒的斗志。厉，借为“励”。

⑦战日有期：作战的日期已经确定。古人往往双方先约定好日期，然后交战，所以叫“战日有期”。期，约期。

⑧断气：断然决胜的士气。

⑨此处简文残缺三十余字，其主旨是论述如何“激气”，大意可能是说要讲明作战的原因、目的、意义，并申明军纪，以此来激发士气。

⑩此处简文残缺三十余字，其主旨是论述如何“利气”，大意可能是说要在长途行军后，及时下达命令，整饬队伍，检查武器装备，注意敌情、地形等，以此来振作部队的锐气。

⑪短衣絜裘：简装束服。短衣，即短小轻便、便于作战行动的衣服。絜，读为结，即把衣装结束得紧固整齐，以便于作战行动。裘，皮衣，这里泛指作战时穿的军衣戎装。此处简文残缺七八字，大意可能是说将军要与士卒同甘共苦。

⑫劝：勉励。

⑬国人家为：大意可能是说动员士卒为国、为己、为家而英勇作战。

⑭此处简文残缺十余字，从上下联系看，大意可能是说要下定决心，不怕牺牲，拼死决胜。

⑮卫人者：可能指警卫、勤杂人员等。

⑯这里有两处缺文，共约残缺三十余字，其主旨是论述如何“延气”，大意可能是说饮食供应、金鼓旌旗的指挥、武器装备的携带、人员的分工配置等，都要做好久战的准备，以利于持续不断地鼓舞高昂的战斗士气。

⑰易营：更换营地。贵武：喜斗。

⑱拙：钝、屈的意思，即不能迅速反应和快速行动。

⑲不及：来不及应敌或趋利。

⑳以上残简，可能都属于“利气”方面的内容，与注⑩所说“残缺三十余字”大体相符。

㉑摄：通“慑”，恐惧。

㉒□：此字可能是士卒临近敌境因恐惧而逃散的意思。这段残简，可能属于“厉气”的内容，与注⑪所说，“残缺七八字”大体相符。

㉓槫：读为专或团。

㉔为已之节：意谓下达停止部队行动的命令。为，做。已，停止。节，节制。

【译文】

孙膑说：在集合民众、编组军队的时候，一定要深入动员，调动士兵们的积极性，这就是做好“激气”。在连续行军、到达集结地区的时候，一定要整饬队伍和检查武器装备，振作部队的精神，提高士气，这就是做好“利气”。在兵临边境、接近敌人的时候，一定要鼓舞部队的斗志，让士兵们具有压倒敌人的气概，这就是做好“厉气”。在与敌军约定作战的日期以后，一定要激励部队，让士兵们具有拼死决胜的勇气，这就是做好“断气”。在交战的这一天，一定要做好各项战斗准备，使部队能够保持持久的高昂士气，这就是做好“延气”。……［深入动员，讲清作战的原因、目的、意义，］并申明军纪，约束三军，这就是组织军队时“激气”的方法。将军及时下达命令，［整饬队伍，检查武器装备，注意敌情、地形、随时应付突然情况，］这就是到达集结地区时“利气”的方法。将军［与士卒同甘共苦，亲临行伍，］身着戎装，短衣束服，鼓舞斗志，这就是接近敌境时“厉气”的方法。将军下令，命令全军每人携带三日军粮，为了国家、个人和自己的家庭而英勇战斗，［下定决心，不怕牺牲，拼死决胜，］国内的使者不要来，军中的使者也不要往，这就是交战日期确定后“断气”的方法。将军召集警卫、勤杂、保障人员等，告诉他们饮食供应不得有误，［金鼓旌旗、武器装备、人员分工和配置等，都必须做好充分准备，保证部队有持续不断的高昂士气，］这就是将战之日“延气”的方法。

延气。

官一[1]

【原文】

孙子曰：凡处卒利阵体甲兵者[2]，立官则以身宜[3]，贱令以采章[4]，乘削以伦物[5]，序行以［□］□[6]，制卒以州闾[7]，授正以乡曲[8]，辨疑以旌舆[9]，申令以金鼓[10]，齐兵以从迹[11]，庵结以人雄[12]，邋军以索阵[13]，茭肆以囚逆[14]，陈师以危□[15]，射战以云阵[16]，御裹以羸渭[17]，取喙以阖燧[18]，即败以包□[19]，奔救以皮傅[20]，燥战以错行[21]。用□以正□，用轻以正散[22]。攻兼用行城[23]。□地□□用方，迎陵而阵用封[24]，险□□□用圜，交易武退用兵[25]，□□阵临用方……翼[26]，泛战接厝用喙逢[27]，囚险解谷以□远[28]，草驵沙荼以阳削[29]，战胜而阵以奋国[30]，而……为畏以山胠[31]，秦怫以委施[32]，便罢以雁行[33]，险厄以杂管[34]，还退以蓬错[35]，绕山林以曲次[36]，袭国邑以水则[37]，辩夜退以明简[38]，夜警以传节[39]，厝入内寇以棺士[40]，遇短兵以必舆[41]，火输积以车[42]，阵刃以锥行[43]，阵少卒以合杂[44]，合杂所以御裹也。修行连削[45]，所以结阵也。云折重杂[46]，所［以］权趮也[47]。猋凡振陈[48]，所以乘疑也。隐匿谋诈，所以钓战也[49]。龙隋陈伏[50]，所以山斗也。□□乖举[51]，所以厌津也。[52]□□□卒，所以□□也。不意侍卒[53]，所以昧战也[54]。遏沟□陈，所以合少也[55]。疏削明旗[56]，所以疑敌也。剽阵辖车[57]，所以从遗也[58]。椎下移师[59]，所以备强也。浮沮而翼[60]，所以燧斗也[61]。禅括蘖避[62]，所以莠桑也[63]。简练剽便[64]，所以逆喙也[65]。坚阵敦□[66]，所以攻槥也[67]。揆断藩薄[68]，所以眩疑也[69]。伪遗小亡[70]，所以聰敌也[71]。重害，所以茭□也[72]。顺明到声[73]，所以夜军也。佰奉离积[74]，所以利胜也。刚者[75]，所以御劫也。更者[76]，所以过□也。□者，所以御□也。□［者，所以］□□［也。序］者，所以厌门也。胡退□入，所以解困也。

*****

……□令以金……

云阵，御裹［以羸渭，取喙］以阖……

……荼以阳削，战……

……畏以山胠，秦怫以逶迤，便罢以雁……

……夜退以明简，夜警……

……舆，火输积以车，阵……

……龙隋陈……

……也。疏削明……

……也。简练□便，所以逆喙也……

……断藩薄，所以眩［疑也。伪遗小亡］，所以聰敌也。重害，所……

……奉离积，所以利……

……所以御□［也。□者，所以□□］也。序者，所以厌……

【注释】

①官一：本篇篇题。本篇文字古奥生僻，语文艰涩难解，简文排列次序不易确定。官，借为“管”。一，即统一。官一，指对军队在各种不同情况下实施统一组织、统一指挥、统一行动、统一制度的各种原则和方法。学术界有的

认为本篇有两种不同的本子，本篇为第一种，故名官一，可备一说。

②处卒：部署队伍。卒，卒伍，古以百人为卒，五人为伍，这里泛指军队的各层级组织。利阵：便利于阵形的变化。体甲兵：配置甲仗兵器。体，分划的意思。

③立官则以身宜：建立军队的各级组织和各种制度，要选择称职的人。

④贱令：执行命令。贱，借为“践”，实行。采章：指彩色的旗帜、徽章、车服等物。古代把“采章”用于许多方面，因用途不同而标志有别。

⑤乘削以伦物：兵车上插载不同旗帜来区别其种类和等级。乘，用作动词，载的意思。削，旌旗下边悬垂的饰物。伦，区分等级、类别的意思。物，事物，这里指兵车、部队。

⑥序行：规定队伍的行列。序，作动词用，即安排、规定的意思。

⑦制卒以州间：按州、间的行政单位编组军队。州、间，古代民户编制，两千五百家为州，二十五家为间。

⑧授正以乡曲：按地方行政官吏任命军队官吏。正，乡正。乡曲，古代地方基层行政单位。

⑨辨疑以旌舆：通过兵车上的旗帜来辨别不同兵种以及将领。旌，古代用牛尾和羽毛装饰的旗帜。舆，古代绘有鸟纹的旗帜。

⑩申令以金鼓：下达命令要用金鼓。金，指铙、铎等。鼓，指战鼓。金、鼓、旗分别用于三种不同类型的指挥行动，金的主要作用是退兵，鼓的主要作用是进兵，旗的主要

作用是整顿队伍。

⑪齐兵以从迹：通过整齐步伐而整齐队列。齐兵，即整齐兵器。从迹，即踪迹，引申为步伐。

⑫庵结以人雄：任用最勇猛的兵士进行掩护。庵，与奄、掩、拾在古代通用。结，集结。人雄，勇猛的士卒。

⑬邋军以索阵：进剿敌军要用索阵。邋，即躐，通“猎”，践踏的意思。《楚辞·国殇》有“凌余阵兮躐余行”句，《国语·吴语》有“以犯猎吴国之师徒”句，《荀子·议兵》有“不猎禾稼”句，《吴子·料敌》有“猎其左右”“乘乘猎散”句，《六韬·犬韬·战骑》有“薄其前后，猎其左右”句等，都是践踏的意思。索阵，阵名，可能类似绳索之形的阵。本文此处特指以强击弱，所以前面使用“邋军”之辞，后面用“索阵”之法。

⑭茭肄以囚逆：反复疲惫敌人要用囚逆阵。茭（读作交），有交易、阴阳代兴的意思。肄，劳苦的意思。《左传·昭公三十一年》载，伍子胥曾向吴王阖闾建议如何攻楚说：“亟肄以罢（疲）之，多方以误之，即罢而后以三军继之，必大克之。”杜预注：“肄，犹劳也。”本文茭肄，与“亟肄以罢之”意义相近。囚逆，阵名。囚有限制敌人行动的意思，逆有截击敌人的意思。

⑮陈师以危□：意谓严兵以临敌要用危□阵。危□，阵名，可能是指一种兵力部署较密集的阵形。

⑯射战以云阵：意谓以弓弩交射战斗时要用云阵。云阵，可能指聚散迅速、变化灵活的阵形。

⑰御裹以羸渭：围困敌人要用羸渭阵。御，有两义，一是抵御的意思，二是禁止的意思，这里取第二义。裹，包

围。羸，通“累”，有缠绕的意思。渭，有流布的意思。羸渭阵，可能指一种类似包围、缠绕的阵形。

⑱取喙（huì）以阖燧：战胜敌军精锐的前锋要用阖燧阵。喙，本义是兽口，这里比喻军队的前锋。阖，有封锁的意思。燧，通“隧、遂、队”，都是指道路。阖燧阵，可能指一种封锁道路、要隘的阵形。

⑲即败以包□：攻击已败之敌要用包□阵。包□，可能是包抄的意思。

⑳奔救以皮傅：紧急驰救时要用皮傅阵。皮傅，靠近的意思。

㉑燥战以错行：鼓噪而战要用错行阵。燥，取鼓噪之义。错行，队列交错的阵形。

㉒用轻以正散：用轻装部队攻击散乱之敌。正，借为“征”。

㉓攻兼用行城：攻击高处之敌要使用行城。兼，在此处含义不甚明了。行城，据《墨子·备梯》的记载，是一种守城工具，高二十尺，上加堞，广十尺，可以从上面往下投放矢石、沙炭、薪火、水汤，用以击败架云梯而攻城之敌。本文此处的行城，可能在守城工具的基础上，改制成攻击高处之敌的进攻工具。

㉔迎陵而阵用刲：敌人在山陵，我则用刲阵去攻击它。刲，《说文》：“刺也，从刀。圭声。”

㉕交易武退用兵：交战于平易之地，攻击退走之敌要用（轻）兵。武，攻伐的意思。退，指敌军退走。用兵，其义不甚明了，可能原简抄写有漏字，估计是用轻兵追击退敌。

㉖□□阵临用方翼：敌军居高临下要从侧翼攻击。

□□，此处残损二字，原简保有较多笔迹，第一字明显是“势”字，第二字，可能是“高”字。方，读为旁。方翼，可能是正面钳制侧翼攻击的意思。

㉗泛战接厝用喙逢：凡战斗在短兵相接时要充分发挥前锋的作用。泛，借为“凡”，泛战即所有战斗。厝，借为“错”，交错的意思，接厝即敌我相接交错而战斗。

㉘囚险解谷以□远：制敌于山险之中，要放开谷口，把敌人引出来再消灭它。囚，有限制出入与活动之义，囚险即把敌人限制在山险之中。解谷，意谓不要进入谷内去同敌人交战，也不要死死堵住谷口不让敌人出来，而是要把敌人引出来，消灭之。□远，缺文原简不甚清楚，类似“跳”字，可借为“挑”，意谓在谷口较远处挑战，引敌出谷。

㉙草驵沙荼以阳削：在草木丛蔓之地诈设旌旗以惑敌。驵，读为苴。草苴，指野草丰厚。沙，同莎。莎荼，泛指茅草之类。阳，借为“佯”。削，借为“旓”，色彩鲜艳的旗帜。阳削，即诈设旌旗，迷惑敌人。

㉚战胜而阵以奋国：胜利后要严饬阵容，振奋国威。

㉛为畏以山胠：隐蔽在半环形的山坡处。畏，借为“隈”，隐蔽之处。胠（qū），古代阵的右翼叫胠，但这里指半环形的障碍物，即以半环形的山坡为遮蔽。

㉜秦怫以委施：路多荆棘，要绕道而行。秦，借为“蓁”，指草木茂盛。秦怫，通“蓁茀”，指道路上多荆棘，难以通行。逶迤，蜿蜒曲折。一说逶迤为阵名，可参考。

㉝便罢以雁行：适宜展开阵式时，要用雁行阵。便，便于。罢，当读“摆”，摆开。

㉞险厄以杂管：在险隘地形上要配置各种不同的武器和

部队。杂管，意谓杂以不同的兵器、兵种来控制。一说杂管为阵名，可参考。

㉟还退以蓬错：撤退时要隐蔽交错地进行。蓬，隐蔽的意思。一说蓬错为阵名，可参考。

㊱曲次：指各部按先后次序，曲折行进。一说曲次为阵名。可参考。

㊲国邑：指国都和城邑。水则，水流的规律。

㊳明简：意谓以简书传达命令，不得大声喧哗。

㊴传节：通行凭证。

㊵厝入内寇以棺士：攻入敌境之内骚乱要使用武艺高强的人。厝，借为“斮”（读作灼），今作“斫”，斩、击的意思。寇，指骚乱敌人。棺士，可能是汉代所说的材官，指武艺高强的人。

㊶必舆：密列战车。必，借为柲（bì），铺满，即依次排列。舆，这里指战车。

㊷火输积以车：火烧敌军粮草、辎重，要用车兵。输，指辎重之聚。积，指粮草之聚。

㊸阵刃以锥行：使阵势锋利要用锥行阵。

㊹阵少卒以合杂：布阵兵力不足时要混合编队。

㊺修行连削：整饬队伍，布列旌旗。修，整治。削，借为旓，旗帜。

㊻云折重杂：指天候，意谓阴云满天。

㊼权趮：主动攻击敌人。权，意谓权衡利弊而采取行动。趮（zào），同躁，不静而动的意思。

㊽猋凡振陈：一说读为飙风振尘，一说读为飙风震阵。“振”与“震”通；“陈”即古“阵”字。今从后说。

㊾钓战：意谓诱敌出战中计。

㊿龙隋陈伏：意谓佯为披靡不振之状，暗设伏兵以待敌。龙，取老态龙钟之义。龙隋，张震泽氏说是“双声联绵词，当是形容军队披靡不振作之状”，今从之。陈伏，即设置伏兵。

51乖举：错谬的举动。此处前面简文残损二字，联系上下文看，可能是说故意举动错谬，以诱敌渡河，半渡而击。

52厌津：意谓乘敌渡河之机而发起攻击。厌，即压，意谓压迫敌军而攻击之。津，《说文》中有“津，水渡也”，这里指半渡。

53不意侍卒：出敌不意，突然攻击。侍，即待。卒，借为“猝”。

54昧战：偷袭，不宣而战。昧，隐蔽不明的意思，这里指默而不言。

55合少：意谓敌众我寡，可以合敌作战的兵力少。合，指两军交锋。

56疏削明旗：旗帜疏列鲜明。削，借为“旓”，义同前。

57剽阵辖车：布列飘风之阵，派出轻快的战车。剽阵，即《威王问》的飘风之阵；“飘风之阵”的“飘”，在《威王问》的竹简原文中即写作“剽”。

58从遗：追逐逃敌。从，追逐。遗，借为“逸”，逃走。

59椎下移师：遭遇敌军的打击时，转移部队。椎，据张震泽氏考证，汉简与帛书往往把“才”写成“木”，故疑椎即推字。

⑥浮沮而翼：用浮沮阵猛击敌军。浮沮，阵名，见《太白阴经》卷六《阵图总序》所说：“黄帝设八阵之形……飞翼浮沮，巽也。”又见《文选·封燕然山铭》“勒以八阵”句下，李善注引《杂兵书》说：“八阵者，……七曰浮沮阵。”翼，指迅猛地扑向敌人。

⑥燧斗：在隧路中战斗。燧，借为“隧”，指两旁有较高崖岸的道路。

⑥禅祏縶避：意谓不戴盔穿甲，行动不整齐，故意示敌无备。禅，《说文》中有“禅，衣不重也”，即单衣，这里借喻不穿铠甲。祏，张震泽氏说“当是括发之括”，意即光头，这里借喻不戴头盔。縶避，读为盘辟，是回旋往复不正之貌，这里指行动不整齐。

⑥莠：借为“诱”，诱敌来追。槖：借为“蹑”，追击。《尉缭子·经卒令》：“莫敢当其前，莫敢蹑其后。”蹑即追的意思。

⑥简练剽便：意谓精选骁勇敏捷的士卒。

⑥逆喙：迎击敌军的前锋。

⑥□：此残缺字可能是“旅”字。

⑥楷（huì）：这里指敌军后方的部队。

⑥揆断藩薄：视地形情况而结草木为藺落障碍。揆（kuí），度量，揣度。断，竹简原文写为另一字，竹简整理小组释为“断”，张震泽先生说应释为“继”。今按《说文》中“断，续也”，即有连续之义。藩薄，即以草木为篱落障碍。

⑥眩疑：迷惑敌人。与上文相关联，即《孙子兵法·行军篇第九》所说“众草多障者，疑也”的意思。

⑩伪遗小亡：装作故意丢弃一些军用物资。遗，遗弃。亡，亡失。

⑪䰰敌：引诱敌人。䰰，通“饵”。

⑫荚□：可能即前面所说的“荚肆”，疲惫敌人的意思。

⑬顺明到声：意谓夜间巡逻到天明，互相以声音相联系。顺，借为“巡”。到，借为“致”。

⑭佰奉离积：意谓各种军用物资要适当分散存放，以防火灾或敌人纵火焚烧。

⑮刚者：指坚强勇敢的部队。

⑯更者：可能指轮番更替的部队。因下文有残缺字，其义不甚明了。

【译文】

孙膑说：凡正确部署队伍的人，其能达到的效果是，阵形灵活、易于变化，甲仗兵器配置得当，军队中各级组织和各种制度井然有序，人各与其职相宜。行军打仗时，要做到如下几点：执行命令时，要使用有各种不同色彩标志的旗帜。兵车上要插载不同的旗帜来区分其种类和等级。规定队伍的行列要……编组军队要按州和闾的行政单位进行。任命各级军官要按地方行政官吏授予。通过兵车上的旗帜来区分不同的兵种和指挥官。下达命令要分别使用金、鼓。整齐兵器要先整齐步伐。任用最勇猛的士卒进行掩护，歼灭敌军要用索阵。反复使敌人疲惫要用囚逆阵，严兵以临敌要用危□阵。与敌军以弓弩对射交战要用云阵。抵御敌人围困要用羸渭阵。消灭敌军的前锋要用阖燧阵。攻击已败之敌要用包□阵。紧急驰救时要用皮傅阵。鼓噪而战时要用错行阵。……用轻装部队攻击散乱之敌。攻击高处之敌要使用行城。……［敌人］在山陵布阵，［我方］要用封阵去攻击它。……在平易之地交战，攻击退走之敌要用［轻］兵。敌军居高临下时［我方］要从侧翼攻击它。一切战斗，在短兵相接时要充分发挥前锋的作用。制敌于山险之中要放开谷口，把敌人引出来再消灭。在草木丛蔓之地可诈设色彩鲜艳的旗帜以惑敌。打了胜仗后要严饬阵容，振奋国威。……要隐蔽在半环形的山坡处。路多荆棘时，要绕道而行。适宜展开阵式时，要用雁行阵。在险隘地形上行军作战，要配置各种不同的武器和部队。撤退时要隐蔽交错地进行。通过山林要有组织地依次行进。袭击敌人的国都和城邑时，要仿效水流的规律。夜间撤退要用简书传达命令。夜间警戒要严格检查通行凭证。采用攻入敌境制造骚乱的战法时，要派武艺高强的人去执行。与敌人短兵接战时，要密排战车。火烧敌军的粮草、辎重时，要派出战车。若要使阵势锋利，则用锥行阵。若布阵时兵力不足，则要混合编队。所以混合编队，是为了围困敌人。整饬队伍，布阵旌旗，是为了阵容严整。在阴云满天的时候，要权衡利弊，应付突发情况。在狂风震撼军阵的时候，可以乘敌人疑惑不定之机发起进攻。隐蔽企图，施用谋诈，是为了诱敌出战中我之计。佯为萎靡不振之状，暗设伏兵以待敌，这是山地的作战方法。故意举动错谬，是为了诱敌渡河，以便半渡而击之。……出敌不意，突然攻击，这就是偷袭的方法。阻遏沟池布阵，是以少击众的方法。旗帜疏列鲜明，这也是疑惑敌人的一种方法。布列飘风之阵，派出轻快的战车，是为了追击逃跑的敌人。遭遇敌军的打击时，转移兵力，是为了防备其他强敌。用浮沮阵猛击敌军，是在隧路中战斗的方法。不戴盔穿甲，行动不整齐，故意示敌无备，是为了诱敌来追。精选骁勇敏捷的士卒，是为迎击敌军的前锋做准备。布置坚阵，密集军队，是为了攻击敌方后面的部队。故意拆毁篱落障碍，是为了迷惑敌人。装作故意丢弃一些军用物资，是为了引诱敌人。从各方面陷敌人于不利，是为使敌人疲惫。夜间巡逻到天明，要以声音互相联系。各种军用物资要适当分散存放，［以防火灾或敌人纵火焚烧，］是为了［保障供应以］有利于作战的胜利。配置坚强而勇敢的部队，是为了防备敌人偷袭。轮番更替部队，是为了……解除自己所陷入的困境。

五教法[①]

【原文】

［孙］子曰：善教者于本，不临军而变，故曰五教：处国之教一[②]，行行之教一[③]，处军之［教一[④]，处阵之教一[⑤]，隐而］不相见利战之教一[⑥]。处国之教奚如？曰……孝弟良五德者[⑦]，士无壹乎？虽能射不登车。是故善射为左，善御为御，毕母为右[⑧]。然则三人安车[⑨]，五人安伍，十人为列，百人为卒[⑩]，千人有鼓，万人为戎，而众大可用也。处国之教如此。行行之教奚如？废车罢马[⑪]，将军之人必任焉，所以率……险幼将自立焉[⑫]，所以敬□……□足矣。行行之教如此。处军之教［奚如？］……也。处军之教如［此。处阵］之教

奚如？兵革车甲，阵之器也……以兴善。然而阵既利而阵实蘩[13]。处阵之教如此。隐而不相见利战之教［奚如？］……

五教法。

*****

……垒涂道，使三军之士皆见死而不见生，所［以］……[14]

……锡所以教耳……

……［所］以教足也。五教暨至，目益明……[15]

【注释】

①五教法：本篇篇题，即处国之教、行行之教、处军之教、处阵之教、隐而不相见利战之教等五种教育训练方法。教，这里指军队建设所实施的各方面教育训练。

②处国之教：即政治教育。从本篇所述有关内容看，处国之教要求以严格的政治教育为基础，组建起强大的国家军队。处国，处置好国家军队的政治教育和组织建设问题。

③行行之教：即队列训练。行（háng），卒伍行列。本篇在这方面的具体内容严重残损。

④处军之教：即行军训练。《孙子兵法·行军篇第九》有“处军、相敌”之语，处军就是军队行进在各种不同地形上对各种有关问题的处置方法。本篇在这方面的具体内容全部残损。

⑤处阵之教：即阵法训练。本篇这方面的具体内容全部残损。

⑥隐而不相见利战之教：即隐蔽而突袭敌人的战法训练。本篇这方面的具体内容也残损。

⑦弟：同悌，指敬爱兄长的品德。五德：指军人必备的五种品德。现篇中有孝弟良三项，残损二项，可能是忠义或仁义之类。

⑧毕母为右：意谓以既不善射又不善御的士卒骨干做车右甲士。毕，尽，全。母，通“毋”，无，指不具备善射、善御技能。一般古代战车上有甲士三人，都是士卒中的骨干，其中一名为御手，一名为射手，一名为手执戈（或矛、戟）的甲士。

⑨安车：古代指坐乘用的一马小车，这里则特指由三名甲士编组为一乘战车（驾四马，立乘）。安，作动词用，用编组之意。

⑩卒：古代军队编制单位，即五人为伍，五伍为两，四两（一百人）为卒。

⑪废车罢马：意谓进行行行之教时不要战车和战马，实施徒手训练。废，置而不用。罢，免，止。

⑫险幼：指险要、险阻之地。幼，读为要。

⑬蘩：疑读为繁，意谓阵法在实际运用中复杂多变。

⑭此段残简内容可能属于处阵之教，意谓筑垒于后退之路，迫使三军死战求生。

⑮此段残简内容可能也属于行行之教。

【译文】

孙膑说：搞好部队建设，在于平时抓住教育训练这个根本，不要等到临战之时匆忙上阵，临时组兵。因此，平时要对部队实施以下五种教育训练：一个是政治教育，一个是队列训练，一个是行军训练，一个是阵法训练，一个是隐蔽而突袭敌人的战法训练。怎么样进行政治教育呢？

就是要严格以［忠、义、］孝、悌、良五德为基础，对士兵进行德行教育。五德缺一的士兵，即使精于射箭也不能让他登上战车做甲士。所以，在五德皆备的基础上，要用善射的人做车左的甲士，善于驾驭战车的人做战车的御手，既不善射又不善御的士兵骨干做车右的甲士。这样，就可以三人编组成一乘战车，五人编为一伍，十人编为一列，百人编为一卒，千人则设置战鼓，万人则组成一支强大的部队，从而可以充分发挥三军之众的巨大威力。政治教育就是如此。怎么样实施队列训练呢？队列训练就是不用战车和战马，在将军统率下的每一个人都必须熟练掌握各种徒手动作和技巧。……队列训练就是如此。怎么样实施行军训练呢？……行军训练就是如此。怎么样实施阵法训练呢？阵法训练就是要把各种武器、装备、战车、铠甲都充分运用起来，这些都是布阵所必需的重要战具……。然而布阵既要有锋利之势，又要复杂多变以随机应敌。阵法训练就是如此。怎么样实施隐蔽而突袭敌人的战法训练呢？……

［强兵］①

【原文】

……威王问孙子曰："□□□……□齐士教寡人强兵者②，皆不同道。……［有］教寡人以正教者③，有教寡人以［□］敛者④，有教寡人以散粮者⑤，有教寡人以静者⑥，……［孙子曰］："……皆非强兵之急者也⑦。"威［王］……□□。孙子曰："富国。"⑧威王曰："富国。”……□厚，威王、宣王以胜诸侯[9]，至于……

*****

……将胜之，此齐之所以大败燕[10]……

……众乃知之，此齐之所以大败楚人[11]反……

……知之，此齐之［所以］大败赵[12]……

……□人于啮桑而擒汜皋也[13]。

……擒唐□也[14]。

……擒□瞏……

【注释】

①［强兵］：本篇因残损严重，篇题是竹简整理小组所加，并提示说，估计本篇是后人抄附在《孙膑兵法》书后的。

②齐士：指齐国稷下学官的各派学士。当时，齐桓公（齐威王之父田午，不是春秋前期的齐桓公姜小白）、齐威王、齐宣王曾在齐者临淄稷门（西边南首门）附近设置学官，招徕儒、墨、道、法、阴阳等各派文学游说之士数千人，讲学议论，以备顾问。所以这里说，各派学士们给齐威王提出很多“强兵”的建议，主张各不相同。

③正教：政治教化，意谓通过加强仁政、德教而使国家强大，也就是“仁者无敌”的说教。

④敛：很可能指节敛或薄敛，意谓通过减轻人民的赋税而使国家强大。儒、墨、道、法各家都有这种类似的思想，这里很可能是指杂家人士所提出的主张。

⑤散粮：可能是指墨家的主张，墨家强调“非攻”“兼爱”，因而建议用“散粮”的办法争取民众的拥护，进而使国家强大。

⑥静：可能是指道家的主张，道家在政治上的核心思想是“无为而治”，这里的静就是安静无为、使国家自然强大的意思。

⑦皆非强兵之急者也：都不是使军队强大的最紧要的问题。这是孙膑对威王所问的回答，仅仅是针对上述各家学派的不同建议而说的，他并没有全盘否定各派的意思，而是说他们的意见都不是强兵的关键和当务之急。

⑧富国：这是孙膑所提出的建议，意谓只有富国才是强兵的关键和当务之急。富国，在当时的含义就是要变法革新，发展经济，使国家富强。

⑨威王、宣王以胜诸侯：意谓齐威王、齐宣王时实行孙膑关于富国强兵的主张，齐国因此强大起来，打败魏、赵、燕、楚等国，取得“诸侯东面朝齐”的胜利。自本句开始至篇末所附残简，均非威王与孙膑的问答之词，而是《孙膑兵法》的整理者——孙膑的弟子们的概括和评语。

⑩大败燕：指公元前314年齐宣王乘燕国发生内乱之机，派兵攻燕，五旬而灭燕；后因受到燕国人民的反抗和各诸侯国密谋救燕，齐军撤退，燕昭王在赵国的帮助下得以复国。

⑪大败楚人：可能指公元前301年的重丘之战。据《史记·楚世家》楚怀王二十八年的记载：“秦乃与齐、韩、魏共攻楚，杀楚将唐眜，取我重丘而去。”据《史记·秦本纪》昭襄王八年的记载：“使将军芈戎攻楚，取新市。齐使章子，魏使公孙喜，韩使暴鸢，共攻楚方城，取唐眜。”由此可知，“大败楚人”有秦、齐、韩、魏四国，其中秦军打的是新市之战，以齐为首的齐、韩、魏联军打的是重丘之战。

⑫大败赵：可能指公元前325年的平邑之战，齐胜赵，俘赵将韩举和公元前317年的观泽之战，齐军败赵军于观泽。

⑬人于啮桑而擒泛皐也：此句意谓，大败宋人于啮桑而擒泛皐。人，指宋人，竹简原文在“人”上面的字尚余残画，似为“宋”字。啮（niè）桑，今江苏沛县，战国时似属宋境。泛皐，史书无考，应为宋将。宋于公元前286年被齐所灭，这里的啮桑之战可能是灭宋前的某次战役。

⑭擒唐□：即注所说的重丘之战，“杀楚将唐眛”“取唐眛”。唐眛，在《荀子·议兵》《吕氏春秋·处方》《商群书·弱民》等书中都写作“唐蔑”。

【译文】

齐威王向孙膑问道：“……齐国稷下学宫的学士们，给我提出很多强兵的建议，他们的主张各不相同。……有的主张让我力行仁政、德教使国家强大起来；有的主张让我减轻人民的赋税负担使国家强大起来；有的主张让我赈粮济民使国家强大起来；有的主张让我清静无为使国家强大起来……”孙膑回答说：“……这些主张都不是强兵的紧急而关键所在。”威王［说，那么什么是紧急而关键的所在呢？］孙膑回答说：“强兵的紧急而关键问题就在于富国。”威王说：“富国。”……齐威王、齐宣王由于实行孙膑富国强兵的主张，遂使齐国强大起来，打败列国诸侯，直至［称霸中原］。